Guia Valor ECONÔMICO de tributos

por Daniela Christovão
Marta Watanabe

Editora GLOBO

© 2002 Editora Globo S.A. para a presente edição
© 2002 Daniela Christovão e Marta Watanabe
© 2002 Empresa Valor Econômico S/A para a marca Valor Econômico

Edição de texto: Maria Vianna
Revisão: Agnaldo Alves de Oliveira
Projeto gráfico, direção de arte e editoração eletrônica: A2 Publicidade

EDITORA GLOBO S.A.
Av. Jaguaré, 1485
São Paulo, SP, Brasil
CEP 05346-902
Tel: (0xx11) 3767-7000
e-mail: atendimento@edglobo.com.br

Todos os direitos reservados. Nenhuma parte desta edição pode ser utilizada ou reproduzida – por qualquer meio ou forma, seja mecânico ou eletrônico, fotocópia, gravação etc. – nem apropriada ou estocada em sistema de banco de dados, sem a expressa autorização da editora.

1ª edição - 5ª reimpressão

Dados Internacionais de Catalogação na Publicação (CIP)
(Câmara Brasileira do Livro, SP, Brasil)

Christovão, Daniela
   Guia Valor Econômico de Tributos /
Daniela Christovão, Marta Watanabe.
- São Paulo : Editora Globo, 2002.

    ISBN 85-250-3497-5

   I. Impostos Brasil II. Tributação Brasil III.Título.

02-0499   CDD 336.200981

Índices para catálogo sistemático:
1. Guias: Tributos: Brasil: Finanças públicas
   336.200981
2. Tributos: Brasil: Finanças públicas:Guias
   336.200981

Impressão e acabamento: Lis Gráfica e Editora Ltda.

Guia Valor ECONÔMICO de tributos

PREFÁCIO

O *Guia Valor Econômico de Tributos* é dos mais didáticos trabalhos sobre o cenário que envolve as relações do Estado e do contribuinte quanto a impostos, taxas e contribuições.

Idealizado para facilitar a compreensão do leigo sobre o intrincado sistema tributário brasileiro, de forma clara e evitando a polêmica, oferece aos leitores visão abrangente, de um lado, e pormenorizada, de outro, quanto à carga tributária no país, em face do nem sempre coerente sistema nacional e do elenco de incidências da mais variada gama de tributos existentes.

Dos países civilizados, a Constituição brasileira é aquela que ostenta o maior número de dispositivos dedicados ao tratamento de tributos, o que constitui vantagem e desvantagem para os operadores de direito. Embora a constitucionalização do regime de cada tributo represente segurança maior para o contribuinte, impede algumas mudanças que se fazem necessárias para que o país evolua.

Técnicas ultrapassadas de arrecadação, como a cumulatividade, a regionalização de um tributo de vocação nacional como o ICMS e a indefinição do local da ocorrência do fato gerador do ISS são apenas três dos inúmeros problemas que a atual legislação oferta aos brasileiros, em nível de Carta Magna, retirando muitas vezes do produto nacional sua competitividade no mercado interno, por ser mais incidido pelos tributos cumulativos que o estrangeiro, e no mercado externo, por exportar tributos.

Nada obstante o claro diagnóstico da obsolescência do sistema, nos últimos sete anos a reforma tributária não andou e vivemos, ainda, a expectativa de uma modernização das técnicas de arrecadação.

O *Guia Valor Econômico de Tributos* tem o extraordinário mérito de explicar o sistema de maneira incontroversa, procurando extrair dele as potencialidades que apresenta, com o nítido objetivo de reduzir seus impactos sobre a economia.

Só posso elogiar o jornal *Valor Econômico* e a Editora Globo pela iniciativa conjunta e as autoras pela obra, que preenche plenamente o escopo a que se propuseram: de introduzir o leigo nos meandros do sistema tributário brasileiro.

Ives Gandra Martins

SUMÁRIO

Capítulo 1
DESVENDANDO OS TRIBUTOS

Quanto pesam os impostos 10
Por que os tributos ganharam maior importância?...... 11
Quanto pago em tributos em produtos e serviços? 12
O que é tributação direta e indireta numa empresa? 16
O que é substituição tributária? 17
O que é cálculo por dentro? 18
O que é tributação em cascata? 19
Ninguém se livra dos impostos? 22
Aumento de arrecadação..................... 23
Cuidados na hora de planejar.................. 24

Capítulo 2
TRIBUTAÇÃO NA EMPRESA E NO EMPREENDEDOR

Como funciona o sistema tributário nacional?........ 28
Por que a reforma tributária é importante? 29
Como os tributos pesam no Custo Brasil? 30
Qual o impacto dos tributos sobre as atividade econômicas? ... 31
Como é a tributação dos profissionais liberais? 33
Quais são os principais tributos federais? 34
Quais são os principais tributos estaduais? 40
Quais são os principais tributos municipais? 43
Todo mundo paga do mesmo jeito? 44
É tão simples assim? 45
Que imposto pagar sobre serviços de Internet, ISS ou ICMS? ... 46

Capítulo 3
COMO PAGAR IR E REMUNERAR OS SÓCIOS

Por que conhecer novas formas de tributação? 50
Que opções tenho para recolher o IR? 52
Como é o regime do lucro real? 52
Como funciona o lucro real por estimativa? 54
Quais as vantagens e desvantagens do real anual? 55
Como funciona o lucro presumido?............... 56
Todos podem optar pelo lucro presumido?.......... 58
O que é lucro arbitrado? 59
O que analisar antes de optar? 60
Quais são as variáveis mais importantes? 61
Como os sócios podem ser remunerados? 63
Por que é importante estudar as opções?........... 63
Como funciona o pró-labore?................... 64

Como funcionam os dividendos? 65
Como funcionam os juros sobre o capital próprio? 67
O que é distribuição desproporcional de lucros? 69
De olho na oportunidade. 70

Capítulo 4
APROVEITANDO AS BRECHAS

Qual a melhor hora para estudar uma forma de reduzir tributos? 74
O que é depreciação acelerada? 74
Existe outro tipo de depreciação? 77
Os imóveis rurais têm tratamento especial? 77
Como aproveitar melhor o capital de giro? 78
Os sócios têm renda relativa à locação? 80
O que fazer se a empresa reúne atividades diferentes? 82
O cliente não pagou. Isso afeta o IR da empresa? 83
Como economizar tributos na venda de um imóvel? 87
Posso reavaliar o ativo imobilizado? 88
Como tributar receitas de exportação? 90
O que são preços de transferência? 93
Na falta de leis, o tribunal resolve 94

Capítulo 5
EM DÍVIDA COM O FISCO?

Quais são as opções para quitar dívidas? 98
Por que há tantas autuações hoje em dia? 101
Quais os efeitos da fiscalização especializada? 102
Onde buscar informações? 105
Acerto de contas com o Fisco 106

Capítulo 6
DISPUTAS JUDICIAIS

Vale a pena ir ao Judiciário? 110
O que são teses tributárias? 111
Quais discussões judiciais servem para todos os tributos? 112
Posso me livrar de multa por atraso de pagamento? 112
É possível questionar o depósito prévio de 30%? 113
A aplicação da Selic para juros de mora pode ser contestada? 113
Existem tributos com prazo maior para compensação? 114
Quais os tributos federais mais contestados? 115
Existem contestações contra impostos estaduais? 121
Quais são as principais questões sobre tributos municipais? 123
Analise os riscos antes de entrar na Justiça 124

História da tributação no Brasil 128
Glossário 134
Bibliografia 140

DESVENDANDO OS TRIBUTOS

FAÇA DO IMPOSTO UMA FERRAMENTA DE ADMINISTRAÇÃO

Descubra qual é a carga tributária sobre os produtos e serviços e saiba como os impostos e as contribuições afetam seus custos e sua competitividade

DESVENDANDO OS TRIBUTOS

FAÇA DO IMPOSTO UMA FERRAMENTA DE ADMINISTRAÇÃO

Quanto pesam os impostos?

Conhecer o sistema tributário brasileiro não é uma tarefa fácil. Entre impostos, contribuições e principais taxas, existem no país mais de cinqüenta cobranças que chegam à sua porta ou ocupam sua agenda de obrigações

Tributo é todo pagamento obrigatório que não represente uma punição por ato ilícito. Deve ser previsto em lei. O imposto, a taxa e a contribuição são tipos diferentes de tributo. O imposto, por exemplo, não pode ter sua arrecadação com destino específico. O Imposto Provisório sobre Movimentação Financeira (IPMF), antecessor da atual Contribuição Provisória sobre Movimentação Financeira (CPMF), não podia ter sua arrecadação destinada à saúde, como ocorre hoje com a CPMF, que é uma contribuição. Esses conceitos parecem muito formais, mas devido a eles muitos tributos foram reduzidos ou derrubados no Judiciário. Por isso, lembre-se: imposto é diferente de taxa e de contribuição. Todo imposto é um tributo, mas nem todo tributo é um imposto.

Em razão da relativa complexidade do sistema tributário brasileiro, poucas pessoas se debruçam sobre o tema. Quantos contribuintes não têm dúvidas na hora de preencher a declaração de Imposto de Renda (IR) de pessoa física? A quantidade de informações que circula via Internet, jornais e revistas em todo início de ano, na época de entrega da declaração, nunca é suficiente para orientar a todos. Isso acontece porque poucas pessoas se dispõem a ler sobre impostos. Estudar os tributos pode parecer penoso no início, mas vale a pena. Um engano que administradores de empresas de todo porte cometem é tratar o recolhimento de impostos como um assunto para o contador ou o advogado da empresa resolver na data de vencimento. Com a eficiência cada vez maior da fiscalização e o aumento da concorrência, o recolhimento de tributos não pode mais ser visto como mero cumprimento de obrigações. O tema exige dedicação e tempo para analisar e tirar o melhor proveito do que a legislação tributária oferece. Sim, porque é possível estar dentro da lei e optar por uma forma menos onerosa de pagar o IR, por exemplo.

É possível fazer do recolhimento de tributos uma ferramenta de administração no planejamento de longo prazo, chegando-se a um saldo menor de tributos a pagar ao final do mês. E uma despesa menor com impostos significa margem de lucro maior e mais competitividade.

Por que os tributos ganharam maior importância?

A queda da inflação privilegiou quem tem mais competitividade

Na década de 1980, o aumento de preços chegava a quase 100% ao mês. Naquele período, boa parte do peso dos tributos era amenizada. As empresas faziam negócios durante um mês inteiro e, quinze dias depois, quando recolhiam o imposto relativo a essas vendas, a inflação já tinha corroído metade do valor real do tributo. Naqueles anos houve grandes discussões a respeito de correções de impostos, e os órgãos de arrecadação também tentaram garantir o recolhimento com valores que fossem os mais atualizados.

Mesmo assim, quem administrava uma empresa não tinha muita noção do quanto se pagava em impostos, tão grande era a distorção causada pela alta inflação.

Desde 1994, porém, esse quadro mudou. Mesmo que longe do considerado ideal, o nível de inflação tornou-se bem mais baixo (em torno de 10% ao ano). Isso exigiu mais atenção dos administradores ao capital de giro e às despesas. O peso dos impostos ficou mais evidente.

Portanto, como o tributo é um custo variável que não pode ser desprezado nem ignorado, cabe aos dirigentes administrá-lo da melhor forma possível.

EVOLUÇÃO DA INFLAÇÃO

Ano	(%)
1990	1.476,85
1992	1.157,91
1994	1.093,84
1996	9,34
1998	1,70
2000	9,81
2001	10,4

Inflação medida pela variação do Índice Geral de Preços (IGP-DI).
Fonte: Fundação Getúlio Vargas e Valor Pesquisa Econômica.

DESVENDANDO OS TRIBUTOS
FAÇA DO IMPOSTO UMA FERRAMENTA DE ADMINISTRAÇÃO

Quanto pago em tributos em produtos e serviços?

É importante conhecer todos os impostos e contribuições embutidos

Muitas pessoas não têm a menor idéia de quanto se paga em tributos no dia-a-dia. Para elas, o peso dos impostos se resume na entrega da declaração de IR, no pagamento do Imposto Predial e Territorial Urbano (IPTU) e na contribuição ao Instituto Nacional de Seguro Social (INSS). Isso é um engano.
Os impostos e as contribuições compõem uma parcela significativa do valor de todos os produtos e serviços. No Brasil, o comércio varejista não é obrigado a destacar o Imposto sobre Circulação de Mercadorias e Serviços (ICMS) na nota fiscal. Como o tributo já vem embutido no preço, o consumidor comum raramente sabe que alíquota recai sobre qual produto. Mas, independente disso, não só o ICMS como outros tributos são exigidos.
Na sua conta telefônica, por exemplo, os impostos e as contribuições chegam a 42%. Em alguns produtos, a carga tributária supera os 100%.
Livre das distorções, nos anos em que a inflação chegava a 100% ao mês, hoje é possível saber com maior precisão qual a representatividade dos tributos sobre um produto ou toda uma cadeia de fabricação. Uma informação dessas pode ser preciosa. Elaborar "mapas" tributários para levantar quanto, como e o que se paga sobre o que se consome ou se produz é um bom começo para estudar uma forma de utilizar a legislação tributária a seu favor. Nas próximas páginas, você encontrará alguns exemplos desses levantamentos.

Qual a carga tributária sobre um liqüidificador?

O PIS e a Cofins, contribuições que somam 3,65% sobre o faturamento, pesam 8,27% do preço na venda ao consumidor

TABELA DE TRIBUTAÇÃO

Preço do varejista para o consumidor	R$ 48,00	100%
ICMS	R$ 8,64	18%
PIS, Cofins e CPMF	R$ 4,27	8,9%
IPI do fabricante mais tributos acumulados sobre matéria-prima	R$ 3,02	6,29%
IR e CSLL	R$ 5,31	11,06%
Custo de produção e aquisição na indústria menos tributos	R$ 16,48	34,33%
Lucro disponível para distribuição	R$ 10,28	21,42%

Fonte: Machado Associados Advogados e Consultores.

Essa simulação chama a atenção pela alta carga tributária. As contribuições e os impostos pagos em toda a cadeia totalizam R$ 21,24. Na ponta do lápis, os tributos pesam significativos 44,25% no preço final do liqüidificador exposto na prateleira do supermercado. Mesmo tendo alíquotas relativamente baixas, o PIS, a Cofins e a CPMF representam 8,9% do valor final ao consumidor. O cálculo em cascata faz dobrar o efeito das três contribuições que, juntas, somam alíquota de 4,03%.

O estudo previu ICMS de 18% e Imposto sobre Produtos Industrializados (IPI) de 10%. A estimativa não contabilizou outras despesas além do custo de produção e aquisição pela indústria. Considerou-se uma cadeia simples de comercialização do produto: da indústria para o atacadista, do atacadista para o varejista e do varejista para o consumidor final. As margens de lucro disponíveis para distribuição em cada etapa foram estipuladas em 7%, 9% e 11%, respectivamente. Os tributos acumulados na cadeia anterior ao fabricante foram calculados em R$ 0,52.

DESVENDANDO OS TRIBUTOS

FAÇA DO IMPOSTO UMA FERRAMENTA DE ADMINISTRAÇÃO

Qual a carga tributária sobre um veículo?

O total de impostos e contribuições pagos chega a 42% do valor final

TABELA DE TRIBUTAÇÃO

Preço do varejista para o consumidor	R$ 20.500,00	100%
ICMS	R$ 2.460,00	12%
PIS e Cofins	R$ 1.190,81	5,81%
IPI	R$ 3.625,00	17,68%
CPMF mais tributos acumulados antes do fabricante	R$ 517,43	2,52%
IR e CSLL	R$ 889,24	4,34%
Custo de produção e aquisição na indústria menos tributos	R$ 10.091,35	49,23%
Lucro disponível para distribuição	R$ 1.726,17	8,42%

Fonte: Machado Associados Advogados e Consultores.

Verificar a carga fiscal que incide sobre um veículo é uma das melhores formas de enxergar o impacto dos tributos e de perceber que eles realmente não se restringem ao momento de preencher uma guia de recolhimento de impostos ou entregar uma declaração de Imposto de Renda.

Por exemplo, dos R$ 20.500,00 pagos num veículo de passeio de porte médio, R$ 8.682,48 serão desembolsados para cobrir o pagamento de tributos. Nada menos que 42,35% do preço cobrado do consumidor final pela concessionária.

O IPI levado em consideração foi de 25%. O ICMS, de 12%. A estimativa foi feita como se o veículo tivesse saído da montadora para a concessionária e, desta, diretamente para o comprador usuário. A margem de lucro disponível para distribuição foi calculada em 8% e 3%, respectivamente. Os tributos acumulados na cadeia anterior à montadora foram calculados em R$ 408,65. Não se contabilizaram outras despesas além do custo de produção e aquisição pelo fabricante de automóveis.

Qual a carga tributária na conta telefônica?

O ICMS sobre os serviços de telecomunicação é alto: na maioria dos Estados é de 25%, em vez da alíquota geral de 18%.

TABELA DE TRIBUTAÇÃO

Preço do prestador para o consumidor	R$ 100,00	100%
ICMS	R$ 25,00	25%
PIS e Cofins	R$ 3,65	3,65%
CPMF, Fust e Funttel e tributos acumulados antes da operadora	R$ 1,92	1,92%
IR e CSLL	R$ 10,95	10,95%
Custo de prestação e aquisição menos tributos	R$ 37,23	37,23%
Lucro disponível para distribuição	R$ 21,25	21,25%

Fonte: Machado Associados Advogados e Consultores.

Um ICMS de 25% é o que mais chama a atenção quando se analisa as contas de telefone fixo residencial em São Paulo. Alguns tributaristas criticam a alíquota alta, aplicada a um serviço que hoje em dia pode ser considerado como essencial. Alguns Estados usam alíquota ainda mais alta. A Constituição Federal prevê que o ICMS esteja sujeito à seletividade. Ou seja, a alíquota pode ser maior quanto mais supérfluo for o serviço ou a mercadoria. Até agora, porém, isso não foi capaz de garantir um imposto menor nas cobranças pelo serviço telefônico.
O Fundo de Universalização dos Serviços de Telecomunicação (Fust), de 1%, e o Fundo para Desenvolvimento Tecnológico das Telecomunicações (Funttel), de 0,5%, são contribuições muito recentes. A primeira começou a ser cobrada no final de 2000 e a segunda em 2001. Teoricamente, elas são suportadas pela operadora, ou seja, não são repassadas para o consumidor final.

DESVENDANDO OS TRIBUTOS

FAÇA DO IMPOSTO UMA FERRAMENTA DE ADMINISTRAÇÃO

O que é tributação direta e indireta numa empresa?

Diferencie os impostos e as contribuições que serão pagos durante o processo produtivo daqueles que só são recolhidos sobre o lucro

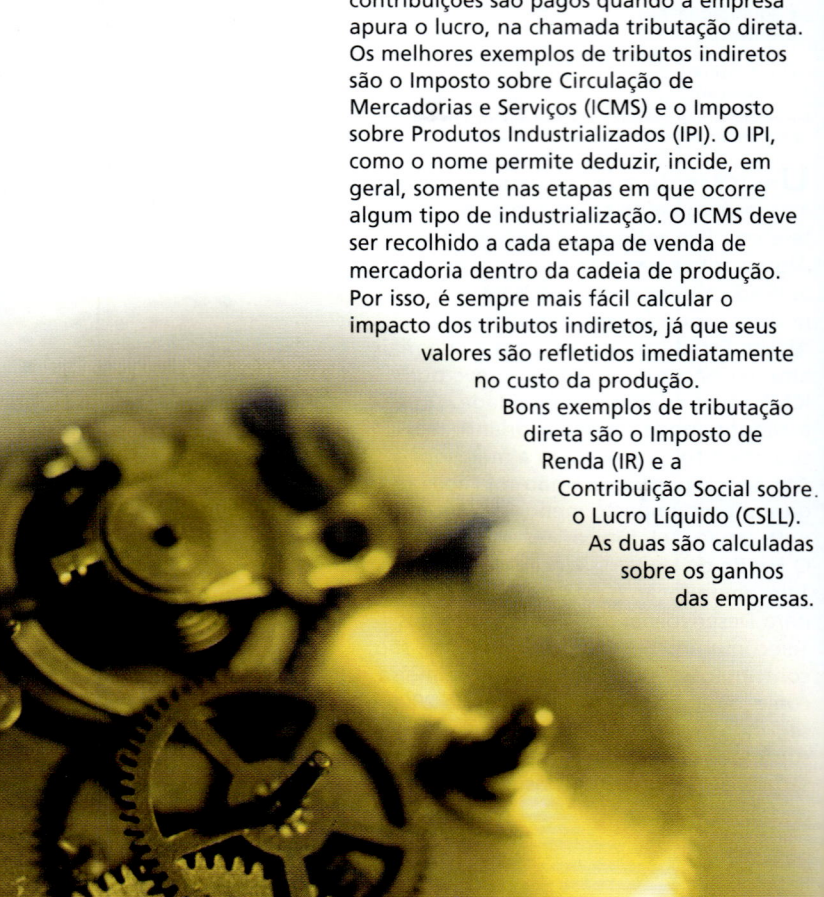

Ao fazer os mapas tributários de alguns produtos e serviços, é possível vislumbrar os impostos e as contribuições mais significativos na carga tributária de uma empresa. Alguns fazem parte do processo produtivo e são recolhidos durante a cadeia de fabricação, dentro da tributação indireta. Ou seja, o ônus do recolhimento é repassado ao consumidor final. Outros impostos e contribuições são pagos quando a empresa apura o lucro, na chamada tributação direta. Os melhores exemplos de tributos indiretos são o Imposto sobre Circulação de Mercadorias e Serviços (ICMS) e o Imposto sobre Produtos Industrializados (IPI). O IPI, como o nome permite deduzir, incide, em geral, somente nas etapas em que ocorre algum tipo de industrialização. O ICMS deve ser recolhido a cada etapa de venda de mercadoria dentro da cadeia de produção. Por isso, é sempre mais fácil calcular o impacto dos tributos indiretos, já que seus valores são refletidos imediatamente no custo da produção.

Bons exemplos de tributação direta são o Imposto de Renda (IR) e a Contribuição Social sobre o Lucro Líquido (CSLL). As duas são calculadas sobre os ganhos das empresas.

O que é substituição tributária?

Entenda essa forma de cobrança tradicional para o ICMS

Ao explorar um pouco mais o mundo do ICMS, você logo ouvirá falar da "substituição tributária". É importante entender esse conceito, porque essa forma de recolhimento de impostos e contribuições é aplicada há muito pelos Estados ao ICMS e agora a União começa a utilizá-la para exigir o PIS e a Cofins.

Um dos melhores exemplos de substituição tributária está na venda de automóveis. Vamos pensar numa cadeia de comercialização simples. Da montadora para a concessionária e, desta, para o consumidor final. Na regra geral do ICMS, cada etapa de venda, da montadora ao consumidor final, estaria sujeita à incidência do tributo. Assim, quando o carro saísse da indústria, haveria pagamento de ICMS e, da concessionária para o consumidor final, novo recolhimento do imposto.

Hoje, porém, a arrecadação do tributo sobre a venda de veículos não segue a regra geral. Com a substituição tributária, a exigência do ICMS fica concentrada numa só etapa: a da venda do fabricante para a concessionária. No exemplo adotado, a montadora recolheria de uma vez o imposto que seria pago de forma segmentada nas duas etapas de comercialização. A indústria torna-se, nesse caso, substituta tributária da concessionária, já que ela pagará a parte que a concessionária deveria recolher quando vendesse o carro ao consumidor final.

Essa antecipação do imposto também costuma acontecer em bebidas, combustíveis e derivados de petróleo, carnes, medicamentos, entre outros.

Como a cobrança do ICMS no regime de substituição tributária é antecipada, muitas vezes o imposto é recolhido com base em uma estimativa dos preços que serão praticados na venda ao consumidor final. O problema é que nem sempre os preços atingem o patamar previsto pela Secretaria da Fazenda Estadual, órgão que arrecada o tributo. Com redução de margem de lucro ou descontos, o preço final de venda pode ser bem menor do que o estipulado, ocorrendo um pagamento maior do imposto.

FIQUE POR DENTRO

Como o regime de substituição tributária costuma concentrar o recolhimento no setor industrial, o leque de empresas cujo pagamento de ICMS precisa ser investigado diminui. É mais fácil fiscalizar uma dezena de montadoras do que uma centena de concessionárias.

DESVENDANDO OS TRIBUTOS
FAÇA DO IMPOSTO UMA FERRAMENTA DE ADMINISTRAÇÃO

O que é cálculo por dentro?

Saiba por que alguns tributos acabam ficando mais elevados do que você havia previsto

O ICMS é cobrado essencialmente na circulação de mercadorias. Na regra geral, sua alíquota nominal para operações internas aos Estados é de 18%. Isso significa uma alíquota efetiva de 21,95%. Alguns serviços, porém, são cobrados com alíquota nominal maior, em geral de 25%, ou até mais, dependendo do local. Entre esses serviços estão os de telecomunicações.

Base de cálculo

Para medir o impacto de um imposto, não basta saber qual sua alíquota. É preciso levar em consideração todos os itens que farão parte do montante sobre o qual será aplicado o percentual. Esse montante, com todos os valores excluídos e incluídos de acordo com as normas em vigor, é o que se chama de base de cálculo. Antes de levantar o impacto de um tributo, consulte a legislação

LEGISLAÇÃO BÁSICA

O cálculo por dentro é previsto no artigo 13, parágrafo primeiro, inciso I da Lei Complementar nº 87/96 e na Emenda Constitucional nº 33/2001.

Alguns tributos seguem formas de cálculo particulares que costumam deixar os contribuintes confusos. Ao conhecer a lógica dessas contas, porém, fica mais fácil levantar a real carga tributária sobre produtos e serviços. Mesmo que pareça trabalhoso, é sempre importante saber quais são as alíquotas efetivas e as alíquotas nominais. Por exemplo, qual a alíquota nominal do ICMS pago na conta de telefone residencial? 25%, na maioria dos Estados. E em que medida o "cálculo por dentro" eleva essa alíquota? Quando receber sua próxima conta telefônica, preste um pouco mais de atenção nela.

Suponha que sua conta este mês seja, no total, com tributos incluídos, de R$ 100,00. Nesse caso, o ICMS (calculado com a alíquota de 25%) será de R$ 25,00. Se esse imposto fosse o único encargo tributário cobrado na conta, o valor exigido pela operadora pelos serviços prestados teria sido de R$ 75,00 (R$ 100,00 – R$ 25,00).

Agora reflita: se a utilização dos pulsos vale R$ 75,00, por que o ICMS é de R$ 25,00 e não de R$ 18,75 (o equivalente a 25% de R$ 75,00)? Porque, de acordo com o funcionamento do cálculo por dentro, o ICMS não é cobrado apenas sobre o preço do serviço fornecido pela operadora, mas também sobre ele próprio. Ou seja, o imposto inclui-se na sua própria base de cálculo.

Conclusão: a alíquota nominal do ICMS, no exemplo usado, é de 25%; no entanto, a real, efetiva, é de 33,33% (percentual que os R$ 25,00 representam dentro dos R$ 75,00).

O que é tributação em cascata?

Entenda essa forma de cobrança que muitas vezes é confundida com bitributação

Quem nunca ouviu falar dos efeitos nocivos da chamada tributação em cascata? Que ela aumenta o Risco Brasil, que deveria ser abolida e que provocou a exportação de tributos?

Mesmo sendo alvo de críticas, a tributação em cascata é uma incógnita para muita gente. Muitos a confundem com bitributação, por exemplo.

O PIS e a Cofins são dois recorrentes exemplos da tributação em cascata.

Juntos, esses dois tributos são cobrados a 3,65% da receita bruta. O percentual é pago a cada venda que se faz, seja na etapa de fabricação ou comercialização de um certo produto. E os 3,65% não são calculados sobre o valor agregado em cada operação, mas sim sobre o total da receita. Portanto, se determinada matéria-prima passa por cinco empresas diferentes durante a industrialização e comercialização até o consumidor final, ela será tributada a 3,65% em todas as etapas. E a cada etapa, a base de cálculo do PIS e da Cofins tende a incluir as contribuições já cobradas na fase anterior, uma vez que esses custos tributários costumam ser repassados.

EXEMPLO DE CÁLCULO DE CUSTOS TRIBUTÁRIOS

$$VP = 50 \quad \rightarrow \quad VP = 100 \quad \rightarrow \quad VP = 150$$
$$VA = 50 \qquad\qquad VA = 50 \qquad\qquad VA = 50$$

Nesse caso, o cálculo do tributo em cascata sobre a receita bruta seria o seguinte:

$$50g + 100g + 150g = 300g$$

O cálculo do tributo sobre o valor adicionado seria, portanto:

$$50b + 50b + 50b = 150b$$

VP = Valor da produção
VA = Valor adicionado

g = alíquota referente ao imposto sobre faturamento (em cascata)

b = alíquota referente ao imposto sobre valor adicionado

Fonte: "Carga tributária e competitividade da indústria brasileira", estudo encomendado pela Federação das Indústrias do Estado de São Paulo (Fiesp) ao Instituto Brasileiro de Economia da Fundação Getúlio Vargas.

DESVENDANDO OS TRIBUTOS

FAÇA DO IMPOSTO UMA FERRAMENTA DE ADMINISTRAÇÃO

Como a tributação em cascata atinge minha empresa?

Os efeitos podem ir bem além da carga de impostos

Os efeitos da tributação em cascata, dizem os economistas, não se restringem ao aumento de carga de impostos e contribuições nos produtos e serviços.

JOGO RÁPIDO

Os especialistas gostam de dizer que o PIS e a Cofins são cumulativos. Afinal de contas, os dois tributos vão se "acumulando" a cada elo da cadeia de produção ou comercialização. São diferentes do ICMS, um imposto de natureza não cumulativa. Porque, grosso modo, na hora de recolher o seu ICMS, o fabricante desconta do imposto devido o ICMS já pago na compra da matéria-prima, por exemplo. Ou seja, esse tributo não se acumula, porque a cada etapa desconta-se o imposto pago na fase anterior.

Outra distorção, apontam, está na adoção de estratégias que ajudam a fugir da tributação mas provocam desperdício de recursos e perda de competitividade. Como o PIS e a Cofins tornam-se mais representativos conforme o número de elos em uma cadeia de produção e comercialização, a solução adotada muitas vezes é a da verticalização. É a tentativa de evitar que o produto passe por um número muito grande de agentes econômicos. Assim, uma indústria acaba cumprindo várias etapas de fabricação. Decide-se, por exemplo, fabricar desde o parafuso até máquinas e equipamentos, mesmo quando se sabe que seria mais interessante se especializar numa só tecnologia ou apenas numa fase da produção. Às vezes, mesmo que seja a escolha mais eficiente, até mesmo a terceirização é descartada. Além disso, a tributação em cascata desestimula os empresários a investir na compra de máquinas e equipamentos.

Quanto pesam os tributos em cascata?

Veja a alíquota efetiva do PIS e da Cofins na sua atividade

Setor	Alíquota efetiva de PIS/Pasep e Cofins (em%)
Agropecuária	6,30
Extrativa mineral (exceto combustíveis)	7,69
Extração de petróleo e gás natural, carvão e outros combustíveis	6,01
Fabricação de minerais não-metálicos	7,84
Siderurgia	9,81
Metalurgia dos não-ferrosos	8,42
Fabricação de outros produtos metalúrgicos	8,80
Fabricação e manutenção de máquinas e tratores	6,81
Fabricação de aparelhos e equipamentos de material elétrico	8,57
Fabricação de aparelhos e equipamentos de material eletrônico	6,28
Fabricação de automóveis, caminhões e ônibus	8,24
Fabricação de outros veículos, peças e acessórios	8,81
Serrarias e fabricação de artigos de madeira e mobiliário	7,76
Indústria de papel e gráfica	8,19
Indústria de borracha	8,20
Fabricação de elementos químicos não-petroquímicos	7,69
Refino de petróleo e indústria petroquímica	7,15
Fabricação de produtos químicos diversos	7,83
Fabricação de produtos farmacêuticos e de perfumaria	6,92
Indústria de transformação de material plástico	7,30
Indústria têxtil	8,44
Fabricação de artigos do vestuário e acessórios	8,38
Fabricação de calçados e de artigos de couro e peles	8,31
Indústria do café	9,41
Beneficiamento de produtos de origem vegetal, inclusive fumo	8,45
Abate e preparação de carnes	8,94
Resfriamento e preparação do leite e laticínios	9,21
Indústria do açúcar	9,56
Fabricação e refino de óleos vegetais e de gorduras para alimentação	9,83
Outras indústrias alimentares e de bebidas	8,82
Indústrias diversas	7,16
Serviços industriais de utilidade pública	5,93
Construção civil	6,08
Comércio	6,17
Transporte	6,64
Comunicações	4,76
Instituições financeiras	5,25
Serviços prestados às famílias	6,03
Serviços prestados às empresas	5,28
Aluguel de imóveis	4,03

Fonte: FGV/Fiesp. Foram considerados os valores da produção relacionados às demandas finais, conforme as Contas Nacionais de 1999. Foram desconsiderados os setores de administração pública e serviços privados não mercantis, que têm alíquota do PIS/Pasep e Cofins diferenciada.

DESVENDANDO OS TRIBUTOS
FAÇA DO IMPOSTO UMA FERRAMENTA DE ADMINISTRAÇÃO

Ninguém se livra dos impostos?

Com a maior eficiência da fiscalização e a informatização, é cada vez mais difícil ignorar ou desprezar as obrigações tributárias

Pode ser penoso para o administrador de uma empresa admitir, mas a verdade é que a fiscalização de tributos vem se tornando cada vez mais eficiente. Não é à toa que a Receita Federal bate a cada ano recordes de arrecadação, em valores reais. A tendência é que a fiscalização em Estados e municípios também se torne cada vez mais eficiente.

A Lei de Responsabilidade Fiscal (LRF), que obriga as administrações a explorar melhor as suas possibilidades de receita, e a necessidade de levantar recursos próprios têm provocado um esforço maior na arrecadação de tributos em todas as esferas do poder público. Lentamente, os órgãos de arrecadação vêm conseguindo baixar medidas que sofisticaram a cobrança. A tributação de ganhos obtidos no exterior, por exemplo, foi uma das grandes revoluções que alterou o recolhimento do Imposto de Renda nos últimos anos.

A informatização também conta bastante. Um melhor armazenamento e cruzamento de dados tem "alongado" os cinco anos que, na regra geral, os órgãos arrecadadores possuem para cobrar um tributo não pago. O período de tempo continua igual, mas o prazo necessário para o Fisco levantar uma quantidade maior de informações tem sido cada vez menor. Com isso, esses cinco anos tornam-se quase uma eternidade, admitem os advogados especializados em tributos.

Aumento
de arrecadação

A cada ano a **Receita** supera os volumes de tributos recolhidos no período anterior. Mas não somente ela tem colhido bons resultados. A arrecadação nas esferas municipal, estadual e federal vem aumentando num ritmo maior que o crescimento da produção interna brasileira. Veja a tabela a seguir.

EVOLUÇÃO DA ARRECADAÇÃO DA RECEITA FEDERAL
(em milhões de R$)

RECEITAS	1995	1996	1997	1998	1999	2000
IMPOSTO SOBRE A IMPORTAÇÃO	4.911	4.220	5.139	6.545	7.916	8.510
I.I.-Petróleo	524	541	474	372	388	342
I.I.-Demais	4.387	3.679	4.665	6.173	7.528	8.168
I. S/ Produtos Industrializados	13.635	15.511	16.833	16.304	16.502	18.840
IPI-Fumo	2.488	2.874	2.840	2.537	2.282	1.998
IPI-Bebidas	1.384	1.777	1.995	2.268	1.906	1.942
IPI-Automóveis	601	991	1.127	875	996	2.375
IPI-Vinculado à Importação	2.987	2.897	3.827	4.188	4.540	4.842
IPI-Outros	6.175	6.972	7.044	6.436	6.778	7.683
Imposto Sobre a Renda	28.969	33.693	36.524	45.819	51.516	56.397
I.R.P. Física	2.165	2.494	2.849	3.030	3.257	3.657
I.R.P. Jurídica	9.342	12.906	12.802	12.503	13.750	17.656
I.R.R. FONTE	17.462	18.293	20.873	30.286	34.509	35.084
Rendimentos do Trabalho	10.881	10.871	12.510	14.649	15.277	18.266
Rendimentos do Capital	4.175	4.902	5.029	11.956	13.656	10.726
Remessas para o Exterior	1.313	1.233	1.683	1.946	3.455	3.271
Outros Rendimentos	1.093	1.287	1.651	1.735	2.121	2.821
I. S/ Operações Financeiras	3.223	2.855	3.785	3.541	4.877	3.127
Imposto Territorial Rural	105	262	209	224	273	267
I.P.M.F./C.P.M.F.	162	1	6.909	8.118	7.956	14.545
Finsocial/Cofins	15.226	17.892	19.118	18.745	32.184	39.903
Contribuição para o PIS/Pasep	6.122	7.390	7.590	7.547	9.835	10.043
Contribuição Social sobre o Lucro Líquido	5.852	6.598	7.698	7.704	7.303	9.278
C. p/ Plano Seg. Social Servidores	2.101	2.580	2.595	2.482	3.142	3.627
Contribuição para o Fundaf	336	402	404	398	370	372
Outras Receitas administradas	298	324	259	354	681	1.275
RECEITA ADMINISTRADA	80.940	91.728	107.063	117.781	142.555	166.184
DEMAIS RECEITAS	9.838	9.838	9.838	9.838	9.838	9.838
TOTAL GERAL	90.778	101.566	116.901	127.619	152.393	176.022

Fonte: Secretaria da Receita Federal.

DESVENDANDO OS TRIBUTOS

Cuidados
na hora de planejar

Com informação e planejamento, é possível adotar medidas que ajudam a reduzir a carga tributária. Isso pode incluir desde uma forma diferente de remunerar os sócios, passando por um caminho diverso na reestruturação da empresa, até a ida ao Judiciário para contestar a exigência de algum imposto ou tentar recuperar o que pode ter sido pago a mais no passado. Os especialistas em tributos sempre se debruçam sobre as normas para tirar dali a solução menos onerosa possível. Eles afirmam que utilizar as possibilidades dadas pela legislação para pagar menos impostos é um direito de todo contribuinte. É como verificar, por exemplo, qual forma pode dar origem a uma restituição maior de IR: a declaração pelo sistema simplificado ou pelo formulário completo. Obviamente, o contribuinte vai optar pelo mais vantajoso. E, ao fazer a escolha, estará exercendo um direito dele.

O planejamento tributário nem sempre é tão simples assim. A redução de impostos em uma empresa demanda um estudo maior da legislação e cálculos mais complexos. Muitas vezes essas estratégias geram controvérsias. O Fisco considera que alguns planejamentos representam formas de evasão fiscal, com simulação ou fraude às normas em vigor.

Lei Antielisão

É importante lembrar que as estratégias usadas pelas empresas para reduzir tributos vêm sendo alvo constante da fiscalização e de novas legislações. A edição da Lei Complementar nº 104/2001, chamada de Lei Antielisão, é o melhor exemplo disso. Ao introduzir um parágrafo único no artigo 116 do Código Tributário Nacional (CTN), a lei causou um alvoroço no mercado, que até resultou numa Ação Direta de Inconstitucionalidade (Adin) levada ao Supremo Tribunal Federal (STF) pela Confederação Nacional do Comércio (CNC).

O protesto foi contra a seguinte redação: "A autoridade administrativa poderá desconsiderar atos ou negócios jurídicos praticados com a finalidade de dissimular a ocorrência do fato gerador do tributo ou a natureza dos

elementos constitutivos da obrigação tributária, observados os procedimentos a serem estabelecidos em lei ordinária."
Para os tributaristas que defendem as empresas, há o risco de a norma Antielisão ser usada para desfazer operações que eles declaram ser legítimas e absolutamente legais, mas que provocam uma redução na carga tributária.

Embora ainda aguarde uma regulamentação, a Lei Antielisão provocou uma nova discussão que não pode ser ignorada. É preciso destacar que o que muitas vezes se chama de planejamento tributário no mercado não corresponde exatamente ao conceito desenvolvido em respeitados estudos de especialistas. Saber fazer essa distinção é importante, pois, na vida prática, no caso de autuação fiscal, algumas medidas ou operações adotadas dentro de um planejamento nem sempre poderão ser consideradas como defensáveis, até mesmo por tributaristas que representam os contribuintes.

Ao contestar a Lei Antielisão, a CNC argumentou que "é livre aos contribuintes direcionar suas condutas e negócios da maneira menos onerosa possível, até porque não há regras que obriguem uma pessoa, entre duas ou mais possibilidades fáticas semelhantes, optar pela que redunda em maior recolhimento de tributos". A Confederação ainda alega que essa obrigação não existe nem como comando jurídico, nem como comando moral. E entre as definições de planejamento tributário, transcreveu-se a de Cândido Henrique de Campos:
"Planejamento tributário é o processo de escolha de ação ou omissão lícita, não simulada, anterior à ocorrência do fato gerador, que vise, direta ou indiretamente, economia de tributos."
A argumentação busca justamente fazer a distinção entre elisão e evasão, entre planejamento tributário e fraude.

Planejamento *versus* fraude

Há quem diga que a Lei Antielisão não acrescenta nada à legislação. A base da argumentação está em um dispositivo do Código Tributário Nacional – artigo 149, inciso VII – que dá à fiscalização poderes para anular um lançamento de tributo, caso seja comprovada a fraude ou a simulação. Outros estudiosos acreditam que o alvo da lei não é a simulação ou a fraude, e sim a elisão, ou seja, a escolha de um procedimento legal que conduza à menor carga tributária, com a condição de que a opção seja feita antes do fato que torne devido o tributo.

Até o momento, ninguém conhece ao certo o alcance real da Lei Antielisão. Para os especialistas, a sua forma de aplicação deverá ser definida na prática. Seus limites provavelmente serão estabelecidos pelos julgamentos de autuações fiscais impugnadas ou discutidas no Judiciário, ou pela regulamentação de lacunas, que ficarão evidentes à medida que surgirem os casos reais. Enquanto isso, o conselho dos tributaristas é aproveitar as formas de redução de carga tributária e estudar os riscos antes da adoção de um planejamento.

TRIBUTAÇÃO NA EMPRESA E NO EMPREENDEDOR

CONHEÇA OS TRIBUTOS QUE VOCÊ PAGA

Somente conhecendo e acompanhando passo a passo os tributos pagos, você saberá como incidem nos custos da sua produção e da sua vida

TRIBUTAÇÃO NA EMPRESA E NO EMPREENDEDOR
CONHEÇA OS TRIBUTOS QUE VOCÊ PAGA

Como funciona o sistema tributário nacional?

No Brasil, todos os entes federados (União, Estados, Distrito Federal e municípios) valem-se dos tributos pagos pelos cidadãos para financiar a máquina administrativa

Nos dias de hoje existe um acordo tácito entre a maioria dos indivíduos para a formação de uma "máquina" de gestão da vida em sociedade: o Estado. A idéia de contrato social surgiu no século XVII, em oposição ao conceito de governo vigente na Idade Média. Nesse acordo, cidadãos e poderio político têm deveres e obrigações uns com os outros. O Estado garante aos cidadãos os direitos civis, sociais e humanos, enquanto os cidadãos azeitam as engrenagens da máquina. E uma das maneiras dessa engrenagem funcionar é por meio do pagamento de tributos. Somente com a capitalização fiscal o Estado pode cumprir suas obrigações sociais de justiça e manutenção da paz. Numa República Federativa, como é o caso do Brasil, todos os entes federados têm obrigações para com seus cidadãos. E, por isso, todos têm uma fonte de renda tributária. A Constituição garante que a União, os Estados e os municípios podem instituir impostos, taxas e contribuições de melhoria.

Mas a tributação deve seguir princípios básicos, garantindo à "máquina" uma arrecadação legitimada. Ela deve respeitar a capacidade contributiva dos cidadãos, ou seja, deve estar de acordo com a renda de cada um, bem com o princípio da legalidade, que garante que ninguém é obrigado a fazer algo senão em virtude da Lei. O Fisco também não pode aumentar tributos sem o apoio de leis e nem cobrar impostos com efeito de confisco.

Taxas
De acordo com o artigo 145, alínea II da Constituição, as taxas só podem ser cobradas em razão do exercício do poder de polícia ou pela utilização, efetiva ou potencial, de serviços públicos específicos e divisíveis, prestados aos contribuintes ou postos à sua disposição.

NÃO
Diferenciação básica entre impostos e contribuições: as contribuições têm uma destinação específica, já os impostos fazem parte do montante do orçamento nacional.

Por que a reforma tributária é importante?

Esse é o assunto que está na boca do povo

Desde o Plano Real, a arrecadação fiscal brasileira aumenta ano a ano. Atualmente, a carga tributária de contribuições cumulativas como PIS, Cofins e CPMF representa 5,7% do Produto Interno Bruto (PIB). Nos anos 80, essas contribuições representavam apenas 1,5% do PIB. De acordo com estudos desenvolvidos pelo Instituto de Pesquisas Econômicas Avançadas (Ipea), esses números representam um crescimento de 480%. Se você já parou para calcular quanto paga de imposto anualmente, talvez tenha se assustado. A representatividade no custo da produção é alta, eleva os preços e contribui para o tão conhecido "Custo Brasil". Desde 1993, a arrecadação foi ampliada de 26% para 34% do Produto Interno Bruto.
O fato de o Fisco ter privilegiado a tributação em cascata é hoje um dos grandes alvos de crítica ao atual sistema tributário brasileiro. Não é à toa que o fim do PIS, da Cofins e da CPMF costuma ser a grande bandeira levantada por todos os setores empresariais. Esse é um dos grandes nós na discussão sobre a reforma tributária. O que se espera de uma futura reforma tributária brasileira é que haja menos tributos e mais simplicidade na apuração e fiscalização, o que conseqüentemente reduziria o "Custo Brasil".

Na Suécia, a carga tributária que recai sobre o salário de um empregado é de mais de 50%. O Estado brasileiro, apesar de não proporcionar as mesmas condições de bem-estar social que a Suécia, cobra mais de cem tributos. Uma fórmula que equacione a arrrecadação do Poder Público e a oferta de melhores serviços públicos ao contribuintes é um dos desafios do sistema tributário no Brasil.

TRIBUTAÇÃO NA EMPRESA E NO EMPREENDEDO

CONHEÇA OS TRIBUTOS QUE VOCÊ PAGA

Como os tributos pesam no Custo Brasil?

A arrecadação aumentou nos últimos anos

Vários são os exemplos da importância que os tributos ganharam sobre o faturamento. A Cofins, por exemplo, já existia, antes de 1988, sob o nome de Finsocial, cobrada a uma alíquota que chegou a 2% do faturamento das empresas. O PIS também é outro bom exemplo: sua alíquota teve uma redução de 0,75%, em prática desde os anos 70, para 0,65% em 1988. Mas essa redução restringiu-se a uma mudança nominal da alíquota. Hoje, a base de cálculo do PIS inclui, além do faturamento, outras receitas, como a financeira, por exemplo. Sem contar a CPMF, instituída para custear os gastos do Ministério da Saúde, cobrada a 0,38% sobre a movimentação bancária de pessoas físicas e jurídicas, sem distinção. Muitos tributaristas dizem que essa é uma distorção do princípio da capacidade contributiva, porque a movimentação bancária não gera riqueza.

COMPORTAMENTO DAS RECEITAS TRIBUTÁRIAS 2000/1999

RECEITA	% CTB 2000	VARIAÇÃO NOMINAL (%)	VARIAÇÃO REAL (%)
UNIÃO	69,23	15,93	8,22
Administrada pela SRF	47,14	17,20	9,40
Administrada pelo INSS	16,14	15,06	7,41
CEF (FGTS)	5,17	7,47	0,32
MEC (Salário-Educação)	0,77	18,62	10,73
ESTADOS	26,19	20,58	12,56
ICMS	22,76	21,20	13,14
Demais	3,43	16,63	8,87
MUNICÍPIOS	4,59	14,54	6,92
TOTAL	100,00	17,05	9,26

Fonte: Secretaria da Receita Federal.

A arrecadação agregada de tributos e contribuições no Brasil, em 2000, foi de R$361,57 bilhões, um acréscimo nominal de R$52,65 bilhões (17,0%) em relação ao ano anterior. Em termos reais, e utilizando o deflator implícito do PIB (7,12%), verifica-se que o crescimento real das receitas tributárias foi de 9,26%, quase 5 pontos percentuais acima da taxa de crescimento do PIB.

Qual o impacto dos tributos sobre as atividades econômicas?

Além dos riscos da economia, os empresários ainda devem ficar de olho no Leão

Na atividade de comércio, um dos tributos que mais pesa é o ICMS. Apesar de ele ser não-cumulativo, incide em 18% sobre a operação comercial, elevando o custo para o consumidor final do produto.
Já para a indústria, os tributos mais relevantes são os que incidem em cascata. Isso porque, quanto maior a cadeia produtiva para a produção de um bem, maior será o imposto embutido no preço do produto. Nessa categoria, incluímos tributos como o PIS, a Cofins e a CPMF.

Na prestação de serviço, os tributos que recaem sobre o faturamento são os que mais oneram a atividade. Além disso, a presunção do governo para calcular o IR dessa atividade é de uma margem de lucro de cerca de 30%, bem maior que a da indústria ou do comércio, por exemplo. Prestadoras de serviço com faturamento anual superior a R$ 120 mil recolhem o IR sobre uma base de cálculo de lucro presumido de 32% – o que acaba representando 4,8% do seu faturamento.

TRIBUTAÇÃO NA EMPRESA E NO EMPREENDEDO
CONHEÇA OS TRIBUTOS QUE VOCÊ PAGA

TABELA COM AS PRINCIPAIS CONTRIBUIÇÕES, IMPOSTOS E TAXAS APLICADAS NO BRASIL

TRIBUTOS	ALIQUOTAS	ATIVIDADE	REGIME TRIBUTAÇÃO
IPI – Imposto sobre produtos industrializados	Variável Essencialidade do Produto	Indústria e Importadores	Lucro Real, Lucro Presumido
II – Imposto de Importação	Variável Médio 20%	Indústria, Comércio e Importadores	Todos os Regimes
IRPJ — Imposto Renda Pessoa Jurídica	15% Lucro	Indústria, Comércio e Serviços	Lucro Real, Lucro Presumido
CSLL – Contribuição Social sobre o Lucro Líquido	9% Lucro	Indústria, Comércio e Serviços	Lucro Real, Lucro Presumido
PIS - Programa de Integração Social	0,65 Receita Bruta	Indústria, Comércio e Serviços	Lucro Real, Lucro Presumido
Cofins – Contribuição para Financiamento da Seguridade Social	3% Receita Bruta	Indústria, Comércio e Serviços	Lucro Real, Lucro Presumido
INSS – Contribuição sobre a Remuneração dos Empregados e Contribuintes Individuais	Até 27,8% Rendimento Pago Empregados 20% sobre Rendimento Pago Contribuinte Individual	Indústria, Comércio e Serviços	Lucro Real, Lucro Presumido
ISS – Imposto sobre Serviços	Variáveis por Município (São Paulo 5% Média)	Serviços	Todos os Regimes
IPTU – Imposto Territorial Urbano	Variável por Município	Proprietários de Imóveis Urbanos	Pessoa Física e Pessoa Jurídica
TLIF – Taxa de Instalação e Funcionamento	Conforme Tabela Município - Mínimo São Paulo R$ 53,74 em 2001	Indústria, Comércio e Serviços	Todos os Regimes
TFA – Taxa de Fiscalização de Anúncio	Conforme Modalidade do Anúncio	Indústria, Comércio e Serviços	Todos que Mantêm Placa ou Anúncio
FGTS – Fundo de Garantia do Tempo de Serviço	8% Rendimento Pago a Empregados 8,5% a partir de 10/01	Indústria, Comércio e Serviços	Todos os Regimes
Contribuição Sindical Patronal	Conforme Tabela Calculado sobre Capital Social	Indústria, Comércio e Serviços	Lucro Real, Lucro Presumido
PIS sobre Folha	1% Rendimento Pago Empregados	Entidades Beneficentes, Filantrópicas e Associações	Sem Fins Lucrativos
ICMS – Imposto sobre Circulação de Mercadorias e Serviços	Conforme Mercadoria ou Operação - 7%, 12%, 18%, 25%.	Comércio	Lucro Real, Lucro Presumido e Simples

Fonte: Confirp Consultoria Contábil.

Como é a tributação dos profissionais liberais?

O Fisco previu que a renda de algumas atividades profissionais confunde-se com os proventos da pessoa física e estebeleceu parâmetros diferenciados

No caso dos profissionais liberais, aqueles cuja atividade é regulamentada por lei federal (advogados, médicos, contadores, por exemplo), é aplicada uma forma especial de tributação , estabelecida pela União. Trata-se de uma mistura de tributação de pessoa física e jurídica. Se o profissional trabalha sozinho, o imposto cobrado sobre sua renda será o mesmo que todos pagam – a alíquota máxima de 27,5% dos seus rendimentos. Mas quem trabalha em sociedade paga, numa conta rápida, 12,73% de IR, CSLL, PIS e Cofins sobre o faturamento. Há quem critique essa situação, mas é uma previsão legal que leva em conta os riscos inerentes a um negócio comercial. Assim, a melhor saída pode ser estabelecer sociedades profissionais, pois se trabalharem sozinhos os contribuintes pagarão mais impostos.

Nas sociedades civis, a base de cálculo para o recolhimento de Imposto de Renda dos profissionais liberais é de 32% sobre a renda bruta da atividade profissional. Essa porcentagem é uma ficção do Fisco, que a entende como sendo essa a provável margem de lucro da atividade dos profissionais liberais. Sobre essa base de cálculo incide uma alíquota de 15%, o que acaba resultando em 4,8% do faturamento. Se após a apuração da base de cálculo o lucro presumido ultrapassar o valor de R$ 240 mil, a alíquota incidente terá um adicional de 10%, ou seja, o lucro será tributado a 25%.

As tabelas de ISS dos municípios trazem alíquotas de tributação sobre a atividade da maioria dos profissionais liberais. Para as sociedades uniprofissionais ou pluriprofissionais, as alíquotas de arrecadação são fixas e recolhidas anualmente. Caso o seu município queira cobrar uma alíquota mensal ou variável de acordo com o seu faturamento, saiba que o STF já decidiu que as sociedades de profissionais liberais têm de recolher o imposto pelo valor fixo anual.

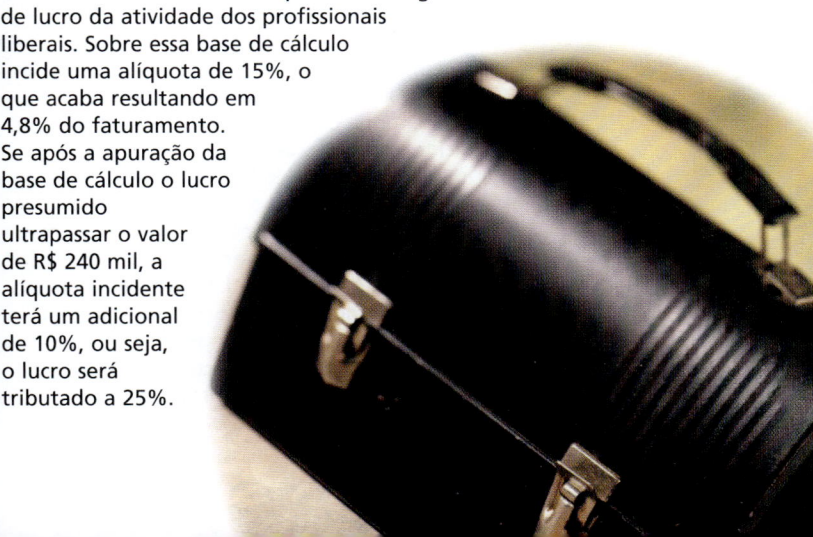

TRIBUTAÇÃO NA EMPRESA E NO EMPREENDEDO
CONHEÇA OS TRIBUTOS QUE VOCÊ PAGA

Quais são os principais tributos federais?

A Constituição estebeleceu os tributos de competência de arrecadação da União. Conheça-os antes de pagá-los

1) IRPJ
(Imposto de Renda de Pessoa Jurídica)

Quem paga: É contribuinte de IRPJ qualquer pessoa jurídica de direito privado, bem como as firmas individuais ou pessoas físicas que exploram uma atividade econômica lucrativa. Ou seja, todos os empreendimentos que auferem renda. A renda é entendida como o produto do capital e do trabalho mais os proventos de qualquer natureza, em um determinado período fiscal.

Quanto paga, como se calcula: A base de cálculo do IRPJ é o lucro real, o lucro presumido ou o lucro arbitrado, à escolha do contribuinte. A alíquota do IRPJ é de 15% sobre o lucro, quaisquer que sejam as modalidades escolhidas. As regras que regem o atual IRPJ ainda instituíram um adicional de 10% sobre a parcela do lucro real, presumido ou arbitrado, que exceder R$ 20 mil mensais ou R$ 240 mil anuais.

2) CSLL
(Contribuição Social sobre o Lucro Líquido)

Quem paga: Também incide sobre o lucro das empresas. Por isso, muitos tributaristas comparam a CSLL com o IR. Essa contribuição incide sobre o resultado do exercício fiscal, antes da provisão do IRPJ. Na prática, a base de cálculo da CSLL é o lucro real mais as adições e exclusões previstas em lei, que nem sempre correspondem ao lucro sobre o qual incide a alíquota do IRPJ. Para diferenciá-la ainda mais do imposto, a contribuição tem destinação específica: a seguridade social.

Quanto paga, como se calcula: A alíquota é de 9%. No caso de lucro presumido, o percentual recai sobre a base de cálculo de 12% do faturamento.

LEGISLAÇÃO BÁSICA

- *Lucro Real: modalidade impositiva às empresas cuja receita total no ano anterior ao da apuração foi superior a R$ 24 milhões. É apurado em balanço regular.*
- *Lucro Presumido: Possibilidade de apuração para empresas cuja renda bruta total tenha sido igual ou inferior a R$ 24 milhões.*

3) COFINS
(Contribuição para Financiamento da Seguridade Social)

Contribuição criada pela Lei Complementar nº 70/91, com base na previsão do artigo 195 da Constituição Federal, destina-se exclusivamente a financiar a seguridade social.
Quem paga: Todas as pessoas jurídicas, inclusive as equiparadas às empresas pelas regras do Imposto de Renda.
Quanto paga: Essa contribuição é calculada à alíquota de 3% sobre a receita de vendas e demais itens como, por exemplo, receitas financeiras.

> **JOGO RÁPIDO**
>
> *Cobrada a 3% sobre a receita bruta, a Cofins tem impacto bem maior no custo de produtos e serviços porque é cobrada em cascata. Chama-se efeito cascata, pois não é possível compensar a Cofins paga na etapa anterior de produção ou comercialização.*

4) PIS
(Contribuição ao Programa da Integração Social)

Instituída pela Lei Complementar nº 7/70, é uma contribuição que custeia, entre outros, o Seguro Desemprego da União Federal. Assim como a Cofins, é um dos alvos favoritos da União para suas modificações, visando aumentar a arrecadação.
Quanto paga, como se calcula: O PIS é recolhido à alíquota de 0,65% sobre o faturamento das empresas, em geral. Ainda há a previsão de recolhimento a 1% sobre a folha de salários e 1% sobre o valor das receitas correntes arrecadadas, das transferências correntes e de capital recebido. As sociedades mercantis ou prestadoras de serviços recolhem o PIS mensalmente.

TRIBUTAÇÃO NA EMPRESA E NO EMPREENDEDOR
CONHEÇA OS TRIBUTOS QUE VOCÊ PAGA

5) IPI
(Imposto sobre Produtos Industrializados)

O IPI é um tributo não-cumulativo: em cada elo da cadeia produtiva o imposto é compensado com o montante pago anteriormente.

Quem paga: O fato gerador desse tributo é a industrialização, a partir da saída do produto do estabelecimento. Industriais, comerciantes, importadores e arrematantes são os responsáveis pelo recolhimento.

Quanto paga, como se calcula: As alíquotas do imposto, que variam conforme a essencialidade do produto, são dispostas na tabela de IPI, chamada de TIPI. A menor alíquota é a de produtos como o leite (zero). E a maior é a do cigarro, tributado a 328,27%. As alíquotas do IPI podem ser alteradas a qualquer momento, sem se sujeitar ao princípio da anterioridade.

Industrialização
É entendida como operação que modifique a natureza ou finalidade de um produto, possibilitando seu consumo.

6) II
(Imposto de Importação)

Quem paga: O importador (ou quem a lei a ele equiparar) e o arrematante de produtos importados apreendidos pela Receita Federal

Quanto paga, como se calcula: A base de cálculo é fixa, não podendo ser alterada pelo Executivo. O que muda é a alíquota sobre o valor da importação. Ela varia de produto para produto e, como o IPI, não se submete ao princípio da anterioridade.

7) IE
(Imposto de Exportação)

Quem paga: O exportador ou quem a lei a ele equiparar.

Quanto paga, como se calcula: As alíquotas especificadas pelo governo incidem sobre o valor do produto em condições normais de mercado. Como o IPI e o Imposto de Importação, não se submete ao princípio da anterioridade.

> **FIQUE POR DENTRO**
>
> *Os impostos sobre o comércio exterior (II e IE) são importantes instrumentos de política macroeconômica. Por isso, seus objetivos tributários são diferentes, uma vez que dessas operações depende o déficit ou superávit da balança comercial brasileira.*

8) CONTRIBUIÇÃO AO INSS

Quem paga: É devida pelos empregados, inclusive os domésticos, empresários, autônomos, segurados, entre outros, que exercem atividades remuneradas. Cooperativas, sem folha de salários, pagam a contribuição sobre o faturamento dos serviços prestados.

Quanto paga, como se calcula: Para as empresas, a contribuição recai sobre a folha de salários. Até mesmo gorjetas, comissões e décimo terceiro salário entram na base de cálculo. Em 1999 foi retirada dessa base de cálculo benefícios como os da previdência social, parcela do Programa de Alimentação ao Trabalhador (PAT), vale-transporte, participação dos empregados nos lucros das empresas, férias e indenizações em geral.
A alíquota da contribuição devida pelas empresas varia, em geral, de 15% a 20%. As instituições financeiras recolhem ainda uma alíquota adicional de 2,5%. Produtores rurais, no entanto, arrecadam de forma diferente, com percentuais aplicados à receita bruta.
Para os empregados, o recolhimento da contribuição ao INSS é feita sobre um alíquota que varia de 8% a 11%, dependendo do salário e respeitando o teto do salário de contribuição. Já para os contribuintes individuais, a participação é de 20% sobre o salário-base.

Salário de contribuição
Sobre este é que incide a contribuição ao INSS. O seu teto é estabelecido por lei promulgada, geralmente, na mesma época do aumento do salário mínimo.

FIQUE POR DENTRO

Às empresas cuja atividade econômica prevê-se aposentadoria especial dos empregados após 15, 20 ou 25 anos de trabalho, são acrescidas alíquotas de 12%, 9% e 6%, respectivamente. As cooperativas e prestadoras de serviço têm o INSS de 11% retido na fatura pelo prestador de serviços.

TRIBUTAÇÃO NA EMPRESA E NO EMPREENDEDOR
CONHEÇA OS TRIBUTOS QUE VOCÊ PAGA

9) CONTRIBUIÇÃO SOCIAL DO SALÁRIO-EDUCAÇÃO

Quem paga: A Constituição impôs às empresas o recolhimento dessa contribuição para financiar parcialmente as despesas com o Ensino Fundamental. As empresas podem optar se os recursos serão repassados ao INSS ou ao Fundo Nacional de Desenvolvimento da Educação (FNDE). Mas é o INSS o responsável pela cobrança e fiscalização do recolhimento do salário-educação.

Quanto paga, como se calcula: A contribuição é calculada a 2,5% sobre a folha de salários dos empregados. A lei 9.601/98 reduziu a alíquota para 1,25% nos casos de contrato de trabalho por tempo determinado. O salário-educação é recolhido junto com a contribuição ao INSS. Esse tributo, cobrado a 2,5% sobre a folha de salários, foi amplamente contestado na Justiça. Porém, em decisão do Supremo Tribunal Federal, em 2000, a cobrança foi julgada válida.

> **JOGO RÁPIDO**
>
> *Os termos folha de salários e folha de pagamentos não se confundem. Para fins tributários, folha de salários é o total dos gastos de uma empresa só com a remuneração de seus empregados. Já a folha de pagamentos constitui outros ganhos que não somente salários, como bonificações e outras despesas.*

---

10) CONTRIBUIÇÃO A SISTEMA: SESC, SENAC, SESI, SEBRAE E SENAI

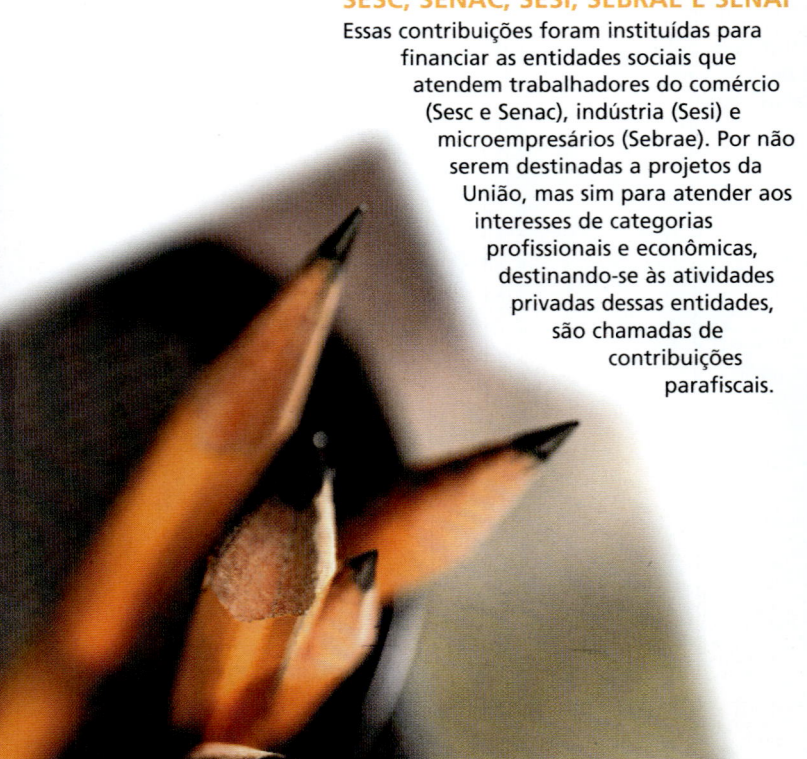

Essas contribuições foram instituídas para financiar as entidades sociais que atendem trabalhadores do comércio (Sesc e Senac), indústria (Sesi) e microempresários (Sebrae). Por não serem destinadas a projetos da União, mas sim para atender aos interesses de categorias profissionais e econômicas, destinando-se às atividades privadas dessas entidades, são chamadas de contribuições parafiscais.

11) IOF
(Imposto sobre Operações de Crédito, Câmbio e Seguro ou Relativas a Títulos e Valores mobiliários)

De acordo com o artigo 63 do Código Tributário Nacional, esse imposto incide sobre quatro operações diferentes: crédito, câmbio, seguros e aplicações financeiras. Devido ao fato de o princípio de anterioridade para esse imposto não estar previsto constitucionalmente e também à possibilidade de o governo alterar as alíquotas via portarias e instruções, o IOF tornou-se importante mecanismo para suprir as necessidades do Tesouro Nacional.

12) ITR
(Imposto sobre a Propriedade Territorial Rural)

Quem paga: É contribuinte o proprietário ou quem goza de posse e domínio útil do imóvel, independente de registro do bem.
Quanto paga, como se calcula: A base de cálculo do ITR é o valor fundiário, de mercado, da terra nua. As alíquotas, progressivas, podem ser reduzidas de acordo com o grau de utilização ou eficiência na exploração da terra.

13) CIDE
(Contribuição de Intervenção sobre Domínio Econômico)

Previstas pela Constituição desde 1988, as Cides deveriam ser cobradas em casos de subsídios ou necessidade de intervenção governamental na política industrial ou econômica. Desde 2000, o governo cobra a contribuição de empresas de tecnologia e telecomunicação. O montante serviria para financiar pesquisas nacionais nestas áreas. Em 2001, o governo calculou um recolhimento de R$ 4 bilhões com as Cides. Mas, desde a aprovação da Emenda Constitucional nº 33, em dezembro de 2001, ampliou-se a possibilidade de incidência da contribuição, o que faria a arrecadação chegar a até R$ 13 bilhões. Várias discussões judiciais devem surgir, principalmente pelo fato de as Cides serem exigidas sobre bases de cálculo que já pertencem a outros impostos ou contribuições federais.

TRIBUTAÇÃO NA EMPRESA E NO EMPREENDEDOR
CONHEÇA OS TRIBUTOS QUE VOCÊ PAGA

Quais são os principais tributos estaduais?

Os Estados concentram seus esforços arrecadatórios em circulação de mercadorias, alguns serviços e até doações

1) ICMS
(Imposto sobre Circulação de Mercadorias e Serviços)

O ICMS é um imposto não-cumulativo. Isso quer dizer que ele não incide em cascata na circulação das mercadorias, podendo ser compensado de uma operação para outra. Acaba incidindo mesmo sobre o consumidor final. Os tributaristas consideram esse imposto um dos mais complexos e de difícil operacionalização.

Quanto paga, como se calcula: O cálculo de ICMS é complexo. Uma loja em São Paulo, por exemplo, adquiriu 100 jaquetas em junho no valor de R$ 8.000, para revendê-las. Na nota fiscal emitida pelo fornecedor constam os seguintes dados: Valor da mercadoria – R$ 8.000 – Valor do ICMS: R$ 1.440. No próprio mês de aquisição, a loja revendeu dez jaquetas. Nessa nota fiscal aparecerão os dados: valor da mercadoria = R$ 3.500 e valor do ICMS = R$ 630. Assim, em junho, o estabelecimento comercial lançará em registros fiscais os seguintes valores: como crédito: R$ 1.440; como débito: R$ 630; como saldo credor: R$ 810. Nesse sistema de apuração, o estabelecimento dispõe de um saldo credor de R$ 810 que será utilizado no mês seguinte. Como se utiliza esse sistema de débito e crédito, os especialistas dizem que esse imposto é não-cumulativo.

> **FIQUE POR DENTRO**
>
> A alíquota de ICMS varia de Estado para Estado. Em São Paulo, por exemplo, a alíquota geral é de 18% sobre as operações. Há ainda a previsão de uma alíquota específica de 12% para algumas operações mercantis e prestação de serviço. Certos gêneros alimentícios e produtos de informática sujeitam-se à alíquota de 7%. Já a alíquota para serviços de telecomunicações é a mais alta: 25%.

Quem paga: É contribuinte de ICMS qualquer pessoa ou empresa que realize operação de circulação de mercadorias ou prestação de serviços descritas como fato gerador do imposto. De acordo com a lei, os principais contribuintes são:

I) o importador (inclusive a pessoa não-comerciante), o arrematante ou o adquirente, o produtor, o extrator, o industrial e o comerciante;

II) o prestador de serviço de transporte interestadual e intermunicipal e de comunicação;

III) a cooperativa;

IV) a instituição financeira e a seguradora;

V) a sociedade civil de fim econômico;

VI) a sociedade civil de fim não-econômico que explore estabelecimento de extração de substância mineral ou fóssil, de produção agropecuária, industrial ou que comercialize mercadorias para esse fim;

VII) os órgãos de administração pública, as fundações e autarquias mantidas por ela;

VIII) a concessionária ou permissionária de serviço público;

IX) o prestador de serviço não compreendido na competência tributária de municípios, e que se envolva com o fornecimento de mercadorias;

X) o fornecedor de alimentação, bebidas e outras mercadorias em qualquer estabelecimento;

XI) qualquer pessoa que, na condição de consumidor final, adquira bens ou serviços em operações ou prestações interestaduais.

Nas operações interestaduais, a lei prevê alíquotas diferenciadas de ICMS nos negócios entre as regiões do país. A medida é importante, uma vez que o imposto acaba fazendo parte do preço final do produto e o poder aquisitivo difere muito do Sul industrializado para o Norte do país. Assim, se uma mercadoria é vendida de São Paulo para Belém, a alíquota será de 7%. Entre Estados do Sul e Sudeste, com exceção do Espírito do Santo, a alíquota aplicável é de 12%. É bom observar que essas alíquotas são aplicadas a operações comerciais realizadas entre contribuintes de ICMS.

2) IPVA
(Imposto sobre a Propriedade de Veículos Automotores)

Substituiu a taxa rodoviária única em 1985. É um imposto anual que incide sobre a propriedade de carros, aeronaves, embarcações, entre outros. Em relação ao veículo novo, o fato gerador do imposto ocorre na data de sua primeira aquisição. O imposto é pago pelo proprietário do veículo. Se o carro for importado, o fato gerador ocorre no momento do desembaraço aduaneiro. Em geral, ocorre no dia 1º de janeiro.

Quem paga: O proprietário do veículo.
Quanto paga, como se calcula: A base de cálculo do imposto é o valor venal do veículo, entendido como o valor de compra e venda à vista em situação de mercado. A alíquota desse imposto varia de 2% a 3,5%. A redução prevista para veículos movidos a álcool só alcança os fabricados até o fim de 1989.

Como a Lei de Responsabilidade Fiscal só permite que o governo dê um benefício tendo como contrapartida uma nova fonte que reponha a receita prevista para tesouro público, o governo do Estado de São Paulo (um dos últimos a regular o imposto) aprovou a lei tributando as doações, que não estavam previstas na legislação estadual como matéria tributável. Organizações não-governamentais (ONGs) de cultura e meio ambiente conseguiram um acordo com o governo paulista para lhes estender a isenção que só cabia a entidades de cunho social.

3) ITCMD
(Imposto de Transmissão Causa Mortis e Doações)

De competência estadual prevista na Constituição de 1988, esse imposto só veio a ser implementado recentemente em alguns Estados em decorrência, principalmente, da Lei de Responsabilidade Fiscal. É um imposto que incide sobre a transmissão de qualquer bem em caso de sucessão, ou ainda, qualquer tipo de doação.

Quem paga: É contribuinte qualquer das partes envolvidas na operação tributada.
Quanto paga, como se calcula: Sua base de cálculo é o valor venal do bem ou dos direitos transmitidos, na alíquota estabelecida por norma estadual.

Quais são os principais tributos municipais?

1) ISS
(Imposto sobre Serviços de Qualquer Natureza)

O tributo, existente desde 1967, teve a sua natureza mantida pela Constituição de 1988. Para impedir o conflito de competência na tributação entre estados e municípios na arrecadação sobre a prestação de serviços, o ISS incide somente sobre os serviços especificados na lista municipal, mesmo que essa prestação envolva fornecimento de mercadorias. Na prática, alguns serviços tornam-se alvo de disputa de arrecadação entre estados e municípios. Isso costuma acontecer com serviços novos, que ainda não têm previsão legal.

Quem paga: Prestadores definidos pelo município, com base em atividades relacionadas em legislação federal.

Quanto paga, como se calcula: A alíquota máxima desse imposto é de 5% sobre o faturamento, conforme especificação de cada município.

> **FIQUE POR DENTRO**
>
> *Municípios concedem incentivos para atrair investimentos. Por isso existe uma diferença tão grande entre cidades de regiões metropolitanas. Barueri, por exemplo, cobra 1% de ISS para instituições financeiras que operam* leasing, *enquanto São Paulo cobra 5%. Diferenças como essas dão origem ao que se chama de guerra fiscal.*

2) IPTU
(Imposto Predial Territorial e Urbano)

Quem paga: Os proprietários de imóvel na zona urbana do município, determinada em lei.

Quanto paga, como se calcula: A alíquota, determinada pelo município, incide sobre o valor venal do bem. Há ainda a previsão de progressividade do imposto, de acordo com a capacidade contributiva de cada contribuinte, utilização, valor e localização.

3) ITBI
(Imposto sobre a Transmissão Inter Vivos de Bens Imóveis)

Quem paga: No caso da transmissão de propriedade, o contribuinte é o comprador. Já na cessão de direitos, o cedente.

Quanto paga, como se calcula: A base de cálculo também é o valor venal do imóvel, na venda à vista, consideradas as condições normais de mercado.

TRIBUTAÇÃO NA EMPRESA E NO EMPREENDEDOR
CONHEÇA OS TRIBUTOS QUE VOCÊ PAGA

Todo mundo paga do mesmo jeito?

Conheça o Simples – a tributação especial para o micro e pequeno empresário

O Sistema Integrado de Pagamento de Impostos e Contribuições das Microempresas e das Empresas de Pequeno Porte, mais conhecido como Simples, foi criado pela Lei nº 9.317, de 1996, como uma forma de recolhimento de todos os tributos federais a fim de facilitar a vida do pequeno e médio empresário, que hoje representa cerca de 80% da força produtiva brasileira. Assim, IRPJ, PIS, Cofins e demais tributos federais, inclusive contribuição previdenciária, são recolhidos seguindo uma alíquota, que varia de 3% a 9%, que incide diretamente sobre o faturamento das empresas.

SISTEMÁTICA DO SIMPLES FEDERAL

PARA MICROEMPRESAS

Receita bruta acumulada	Contribuinte de IPI	Não contribuintes de IPI
Até R$ 60.000,00	3,5%	3,0%
De R$ 60.000,01 até 90.000,00	4,5%	4,0%
De R$ 90.000,01 até 120.000,00	5,5%	5,0%

PARA EMPRESAS DE PEQUENO PORTE

Receita bruta acumulada	Contribuinte de IPI	Não contribuintes de IPI
Até R$ 240.000,00	5,9%	5,4%
De R$ 240.000,01 até 360.000,00	6,3%	5,8%
De R$ 360.000,01 até 480.000,00	6,7%	6,2%
De R$ 480.000,01 até R$ 600.000,00	7,1%	6,6%
De R$ 600.000,01 até R$ 720.000,00	7,5%	7,0%
De R$ 720.000,01 até 840.000,00	7,9%	7,4%
De R$ 840.000,01 até R$ 960.000,00	8,3%	7,8%
De R$ 960.000,01 até R$ 1.080.000,00	8,7%	8,2%
De R$ 1.080.000,01 até R$1.200.000,00	9,1%	8,6%

Fonte: Secretaria da Receita Federal
* Caso o Estado e/ou Município em que esteja estabelecida a empresa tenha aderido ao Simples, os percentuais do quadro acima terão um acréscimo conforme definido em convênio.
* Creches e estabelecimentos de ensino seguem uma tabela diferenciada

É tão simples assim?

A facilidade existe, mas cuidados burocráticos devem ser sempre observados para não se ter problemas com o Leão

O recolhimento dos tributos federais, com exceção daqueles retidos em fonte, são feitos em uma única guia de arrecadação. Esse procedimento facilita os cálculos, que são feitos sobre o faturamento. Apesar do fim do entrave burocrático das guias, a regulamentação do Simples exige que os micro e pequeno empresários mantenham o livro-caixa ou a escrituração contábil em dia. Para aderir ao Simples, o empresário deve fazer a opção pelo sistema diferenciado até o último dia útil do mês de fevereiro do ano-calendário. Tal cuidado faz com que os tributos a serem pagos desde janeiro já estejam programados no Simples. Caso a opção seja feita fora do prazo, a sistemática inicia-se somente no ano-calendário seguinte.

JOGO RÁPIDO

Desde 1999, a receita bruta utilizada como base de cálculo para o Simples pode ser calculada em função do regime de caixa ou de competência.

TRIBUTAÇÃO NA EMPRESA E NO EMPREENDEDOR

Que imposto
pagar sobre serviços de Internet: ISS OU ICMS?

A Constituição de 1988 estabeleceu novos parâmetros na divisão de competências tributárias entre União, Estados e municípios. Devido ao jogo político da redemocratização, os municípios e os Estados ganharam muito poder na organização do Estado brasileiro. Poder e obrigações, tais como arcar com o ensino, o transporte público, infra-estrutura, entre outros. O meio encontrado para que as arrecadações municipais e estaduais aumentassem, de acordo com o crescimento de sua importância no cenário político nacional, foi transferir as competências tributárias da União para os demais entes públicos. Assim, o antigo Imposto sobre Circulação de Mercadorias (ICM) passou a incidir sobre os serviços de transporte e telecomunicação, antes de competência da União, sendo nomeado de Imposto sobre a Circulação de Mercadorias e Serviços (ICMS). E o Imposto sobre Serviços (ISS), de competência municipal, teve a sua lista de competência alargada de 29 itens para uma extensa lista de mais de 100 serviços, sobre os quais recai uma alíquota fixa de até 5% do faturamento.

Desde então, os conflitos sobre a competência de tributação de serviços entre Estados e municípios têm acontecido com freqüência, principalmente nas atividades ligadas à Nova Economia, como Internet, *softwares* e prestação de serviços de informática.

A tributação sobre os Provedores de Acesso à Internet

O conflito sobre quem irá arrecadar os impostos devidos pelas empresas provedoras de acesso à Internet é o mais típico problema tributário gerado pela Nova Economia. De um lado, os Estados se armaram do Convênio Confaz nº 78/01 e lançaram as bases para cobrar ICMS das provedoras, a uma alíquota de 5% sobre o faturamento, semelhante à alíquota máxima de ISS. Além disso, as secretarias de Fazenda dos Estados defendem que o acesso à Internet é um serviço de telecomunicação, cuja competência tributária é estadual. Segundo dados da Associação Brasileira de Provedores de Internet (Abranet), o ICMS incidiria sobre uma receita total de R$ 4 milhões por mês em todo o país.

De outro lado, os municípios defendem que o acesso à Internet é, na verdade, um serviço adicionado à telecomunicação, não sendo possível a incidência de ICMS.

A tese sustentada por advogados das maiores empresas de Internet do país é que a Lei Geral de Telecomunicações (Lei nº 9.472/97) previu a não-incidência de tributos sobre serviços de valor adicionado. E o provimento de acesso à Internet seria uma das modalidades desse serviço. Amparados nessa tese, vários municípios brasileiros já integraram às suas listas de ISS a atividade de acesso à rede. No Estado de São Paulo, onde estão concentradas 28,1% das provedoras de acesso à Internet, a prefeitura da capital pretende cobrar 5% de ISS sobre o faturamento das empresas.

E no meio dessa batalha estão as empresas. Os representantes da atividade dizem que não se negam a pagar impostos. No entanto, pedem clareza na arrecadação para evitar a bitributação.

O maior problema da iniciativa privada em relação ao ICMS foi resolvido pelo convênio Confaz, que prevê a tributação de 5% sobre o provimento de acesso. O receio das empresas era que recaíssem sobre elas a alíquota de 18%, cobrada em geral pelos Estados. No final de 1999, por exemplo, o Fisco de Minas Gerais queria aplicar aos provedores a mesma alíquota cobrada das empresas de telefonia: 25,5%. Apesar de o Confaz ter estabelecido a alíquota de 5%, a preferência continua sendo pela cobrança municipal. Mas, nesse caso, a grande questão é: qual município seria o titular da arrecadação? O município sede da empresa ou o município onde o serviço é efetivamente prestado? Os últimos julgamentos do STJ sobre a incidência de ISS em prestadoras de serviços de construção, por exemplo, já declararam que, nesses casos, o recolhimento é feito no município onde o serviço foi efetivamente prestado.

Mas tributaristas pró-ICMS dizem que há impossibilidades físicas de se cobrar ISS pelos *bytes* que transitam pela rede, pois o serviço de provedor de Internet não é estático em uma cidade sede. Há vários pontos de conexão. Seria difícil aos municípios a cobrança de ISS em cada um desses pontos. Mesmo assim, tramita no Congresso Nacional um projeto de lei que, se aprovado, estabelecerá a incidência de ISS nos serviços de provimento de acesso à Internet.

Publicidade na rede

Não resta dúvida quanto à incidência de ISS, no local de sede da empresa de Internet, sobre os *banners* e propagandas veiculadas na rede. São Paulo, por exemplo, foi uma das primeiras cidades a exigir o ISS sobre o faturamento das empresas que exploram essa publicidade e que têm sede no município. O recolhimento está sendo feito desde julho de 2001. Um dos problemas apontados nesse caso é a guerra fiscal. Para não serem tributadas na alíquota máxima, as empresas de publicidade na rede podem procurar como sede cidades que tenham uma alíquota menor.

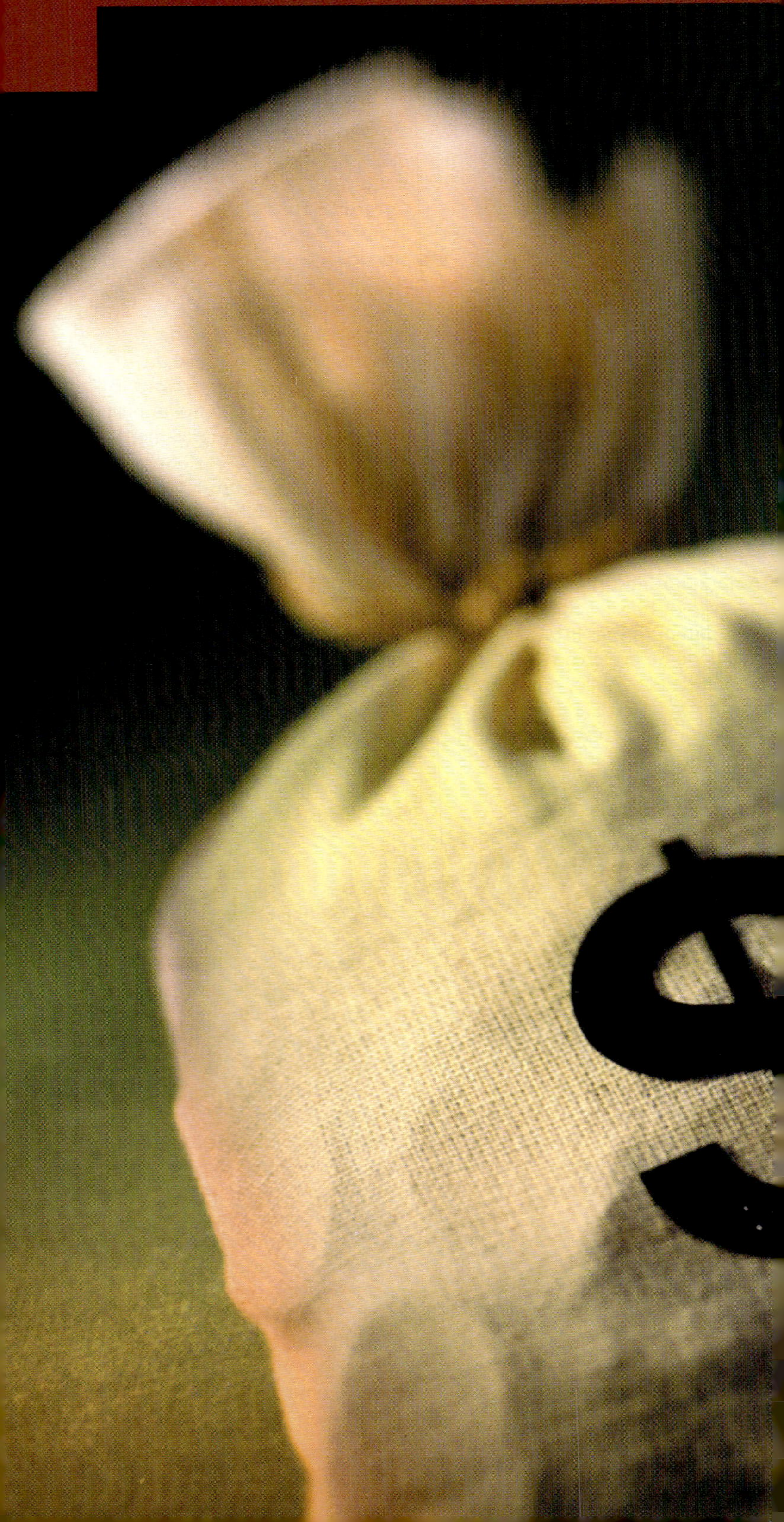

COMO PAGAR IR E REMUNERAR OS SÓCIOS?

COM A MELHOR OPÇÃO, SOBRAM MAIS LUCROS PARA TODOS

Não decida pensando apenas na redução de impostos. Calcule o peso da folha de salários, verifique a curva de lucros ou prejuízos apurados ano a ano. Tenha em mente os planos da companhia.

COMO PAGAR IR E REMUNERAR OS SÓCIOS

COM A MELHOR OPÇÃO, SOBRAM MAIS LUCROS PARA TODOS

Por que conhecer novas formas de tributação?

A cultura de uma companhia define o comportamento dos funcionários, os procedimentos internos, a reação da empresa e até a forma de pagamento dos tributos. Resta aos administradores saber quando é interessante mudar

A grande preocupação de todos em relação aos tributos é pagar em dia e estar dentro da lei. Com um sistema complexo, com mais de cinqüenta cobranças diferentes, muitas vezes a escolha é pelo caminho mais simples.

Por desconhecimento, pela vontade de simplificar ou até pelo costume de reproduzir o que se fez no ano anterior, as soluções menos onerosas, propiciadas pela própria legislação, muitas vezes são esquecidas.

É bom lembrar, porém, que vale a pena conhecer uma nova forma de pagar o IR ou até providenciar alguns documentos a mais que permitam colocar em prática um procedimento previsto em lei.

Escolher a melhor forma de recolher o IR ou de remunerar os sócios é, antes de tudo, tomar uma decisão administrativa. Estude a sua empresa, verifique a representatividade dos ganhos no faturamento, calcule o peso da folha de salários, analise a curva de lucros ou prejuízos. Tenha em mente ao menos os planos a curto prazo. O ideal é integrar as decisões tributárias a esse cenário.

No campo dos impostos e das contribuições, a forma de pagar o IR é uma questão básica. Tão básica que a forma de pagamento precisa ser definida no início do ano, geralmente quando se faz o primeiro recolhimento do imposto.

O que devo verificar?

Saiba quais tributos são cobrados sobre seu lucro

Se a empresa apura lucro, não há como escapar. Sobre esse ganho a Receita Federal irá cobrar não só IR como também Contribuição Social sobre o Lucro Líquido (CSLL). O IR é cobrado a 15% dentro do que se chama de alíquota básica. Sobre valores superiores ao lucro de R$ 20 mil mensais, deve ser recolhido um adicional de 10% de IR. Quanto à CSLL, a alíquota atual é de 9%, com previsão de redução para 8% a partir de 2003.

As alíquotas de IR e de CSLL podem ser mudadas. Basta a aprovação de uma nova lei pelo Congresso. Muitas vezes, a mudança foi feita por Medida Provisória (MP). O IR tem anterioridade anual, ou seja, as alterações numa lei de determinado ano só podem ser aplicadas a partir do ano seguinte. A CSLL tem anterioridade nonagesimal: uma alteração feita hoje pode ser aplicada daqui a 90 dias.

Por que é importante planejar?

A escolha da forma de pagar o IR deve ser feita no início do ano

É interessante que a forma de pagar o IR seja definida dentro de um conjunto de decisões estratégicas. Ao se escolher a sistemática de recolhimento do imposto, deve-se levar em conta os planos da empresa para o futuro, as expectativas de lucros, a representatividade dos ganhos em relação à receita bruta, entre outros.
Vale lembrar que a opção pela forma de recolhimento deve ser declarada formalmente à Receita Federal no início do que se chama de ano-calendário, ou seja, o ano que se inicia em 1º de janeiro e termina em 31 de dezembro. A empresa faz a escolha quando realiza o primeiro recolhimento de IR do ano.
Depois disso, a decisão está tomada. A legislação não permite mudança de sistemática, mesmo que a empresa perceba que fez a escolha mais onerosa.

JOGO RÁPIDO

É bom lembrar que a definição da forma de pagar IR influenciará diretamente nos recolhimentos da CSLL. Faça todas as contas antes de decidir.

LEGISLAÇÃO BÁSICA

O ano-calendário é definido no artigo 2º, inciso III do Decreto-lei nº 1.381/74.

COMO PAGAR IR E REMUNERAR OS SÓCIOS
COM A MELHOR OPÇÃO, SOBRAM MAIS LUCROS PARA TODOS

Que opções tenho para recolher o IR?

Primeiro conheça todas. Depois faça os cálculos e compare

O lucro real, sobre o qual será calculado o IR, é o lucro líquido do período, segundo a legislação contábil, e que sofrerá ajustes com adições, exclusões e compensações. As regras tributárias muitas vezes determinam que algumas despesas consideradas não dedutíveis sejam somadas ao lucro líquido. E que receitas não tributáveis sejam subtraídas. Pode existir, assim, grande diferença entre o valor do lucro líquido e do lucro real.

Existem três formas de recolhimento do Imposto de Renda (IR): lucro real, lucro presumido e lucro arbitrado. Há também o Simples, destinado a micro e pequenas empresas. Antes de tomar uma decisão sobre qual a melhor forma de pagar o imposto, é bom conhecer um pouco de cada sistemática.

Como é o regime do lucro real?

Essa opção se subdivide em duas "modalidades"

LEGISLAÇÃO BÁSICA

A base de cálculo do lucro real está prevista no artigo 44 do CTN. Adições, exclusões e compensações ao lucro líquido estão previstas nos artigos 249 e 250 do Regulamento do Imposto de Renda (RIR).

No regime do lucro real, a empresa paga o IR sobre o lucro apurado nos seus balanços. Dentro do lucro real, as opções são: lucro real trimestral ou lucro real anual.
No lucro real trimestral, a empresa faz o balanço de três em três meses.
No lucro real anual, o balanço contábil considerado é o ano-calendário de 1º janeiro a 31 de dezembro.

Quais as diferenças mais importantes?

Compare as vantagens que cada opção oferece

A diferença entre as duas formas de tributação pelo lucro real (trimestral e anual) pode parecer pequena. Numa rápida análise, pode parecer apenas uma questão de periodicidade. Mas não é.

Entre as empresas que optam pelo lucro real, o recolhimento anual é o mais adotado. O real anual tem vantagens significativas em relação ao trimestral. No trimestral, os prejuízos fiscais do primeiro trimestre, por exemplo, têm seu aproveitamento posterior sujeito à **limitação de 30% do lucro** registrado nos trimestres seguintes. Uma das grandes vantagens do real anual é que os prejuízos apurados num trimestre ou mês não sofrem essa restrição para compensação, desde que usados dentro do próprio ano-calendário.

Outra diferença importante: no recolhimento anual, a empresa consegue, durante o ano-calendário, suspender ou reduzir os pagamentos mensais de IR. Isso pode ser adotado quando a empresa percebe, no levantamento dos **balanços parciais**, que houve recolhimento a mais no mês anterior, por exemplo. Isso pode acontecer porque o lucro real anual permite combinar, no decorrer do ano, o pagamento do imposto pelo lucro real e pelo lucro presumido. Esse sistema misto chama-se lucro real por estimativa.

A empresa paga o IR calculado num percentual da receita bruta – método do lucro presumido – e mensalmente compara o que foi pago com o que é efetivamente devido de imposto.

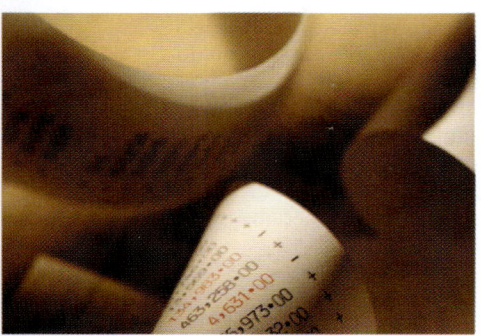

Limitação de 30% do lucro

Se uma empresa teve prejuízo fiscal em determinado período, ela pode compensar isso com o lucro do período de apuração seguinte. Essa compensação segue a seguinte lógica: com prejuízo, a empresa teve perda de patrimônio. Assim, um lucro apurado posteriormente só pode ser tributado depois que a parte do patrimônio perdida for reposta. Assim, o IR deverá recair somente sobre o lucro, e não sobre a parte que corresponde à recomposição patrimonial.

Há, porém, restrições a essa regra. As normas em vigor só aceitam a compensação do prejuízo de períodos de apuração anteriores limitada a 30% do lucro registrado no período seguinte.

Balanços parciais

São as demonstrações provisórias que a empresa optante pelo lucro real anual levanta para recolher o IR durante o ano-calendário. O balanço definitivo vem só ao final do ano, em 31 de dezembro.

COMO PAGAR IR E REMUNERAR OS SÓCIOS

COM A MELHOR OPÇÃO, SOBRAM MAIS LUCROS PARA TODOS

Como funciona o lucro real por estimativa?

Sistema misto combina lucro real anual com lucro presumido

O lucro real trimestral raramente é adotado como regime de tributação. Empresas que optam por essa forma, dizem tributaristas, estão mais sujeitas a cometer infrações fiscais e ficam submetidas a restrições importantes, como a limitação de 30% na compensação de prejuízos, por exemplo.

No lucro real por estimativa, a empresa pode recolher, por exemplo, o IR com base em um percentual da receita bruta dos três primeiros meses. No final de abril, faz-se um balanço e percebe-se que o IR pago nos três primeiros meses supera o valor que seria devido de acordo com o lucro apurado de janeiro a abril. Nesse caso, a empresa pode suspender ou reduzir o imposto relativo a abril. Tudo depende de quanto ela recolheu a mais. É preciso manter a documentação que justifique a suspensão ou redução.

Os recolhimentos do imposto são mensais. Vale lembrar que a suspensão ou redução durante todo o ano-calendário só é possível no lucro real anual. No trimestral, a empresa perde essa chance. Isso porque, como os períodos de apuração são, o próprio nome diz, trimestrais, as bases sobre as quais será calculado o IR fecham de três em três meses. Não se pode fazer uma suspensão ou redução entre um trimestre e outro, mesmo que a empresa perceba, no meio do ano, que a opção pelo lucro real anual teria sido mais vantajosa.

O lucro real trimestral tem algumas vantagens em relação ao real anual. Entre elas, tributaristas mencionam a possibilidade de se pagar o IR do trimestre em cota única ou em três vezes. Na segunda hipótese, as parcelas são corrigidas pela Selic até o mês anterior ao do pagamento mais 1%. Além disso, o IR do primeiro trimestre, por exemplo, só é recolhido em abril. Pelo lucro anual, os pagamentos começam em fevereiro.

Quais as vantagens e desvantagens do real anual?

*Sazonalidade, altos lucros, prejuízos.
A decisão depende do perfil da empresa*

Vantagens do lucro real anual:
a empresa paga o IR sobre o lucro apurado durante o ano. Nem mais, nem menos. Se apurar lucro, recolhe o imposto; caso verifique prejuízo fiscal, não paga. Essa é a grande vantagem da possibilidade de, durante o ano-calendário, compensar integralmente o prejuízo de um mês com os lucros do mês seguinte.

As empresas e atividades sujeitas à sazonalidade podem encontrar uma boa solução no real anual. A temporada de prejuízos fiscais pode ser compensada com a de lucros. Assim, mesmo que a apuração final indique ganho, o IR doerá menos no bolso.

Desvantagens do lucro real anual: não há possibilidade de pagar o IR devido parceladamente, como acontece no real trimestral.

COMO PAGAR IR E REMUNERAR OS SÓCIOS

COM A MELHOR OPÇÃO, SOBRAM MAIS LUCROS PARA TODOS

Como funciona o lucro presumido?

O IR é calculado sobre um percentual do faturamento

O regime do lucro presumido é muito utilizado por ser considerado mais simples e também exigir menos documentação.

Recebe o nome de "presumido" exatamente porque nesse regime o Imposto de Renda não é calculado sobre o lucro efetivo. Tanto o IR como a CSLL são calculados sobre uma base presumida de lucro. Essa base é um determinado percentual da receita bruta.

O cálculo é feito em períodos trimestrais que se encerram em 31 de março, 30 de junho, 30 de setembro e 31 de dezembro.

As regras são diferentes para o pagamento do IR e da CSLL. Para essa segunda cobrança, a norma é mais simples. Primeiro calcula-se 12% sobre a receita bruta. A esse resultado são acrescidas outras receitas e os rendimentos de aplicações financeiras. É sobre essa base que a empresa aplicará e recolherá os 9% de alíquota da CSLL.

Calcular o IR no regime do lucro presumido não é tão fácil.

Na regra geral, a base para o cálculo do imposto é de 8% da receita bruta. Isso quer dizer que a empresa deve calcular 8% do faturamento. A esse valor são feitas adições e exclusões, conforme previsão legal.

O resultado é o lucro presumido, sobre o qual será aplicado o IR. O imposto tem 15% de alíquota básica e 10% de alíquota adicional. Somente sobre o valor acima de R$ 60 mil, no trimestre, é pago o adicional de IR de 10%.

A regra geral do lucro presumido para o IR vale para a venda de mercadorias e produtos, mas não para todos os setores. A revenda ao consumidor final de combustível derivado de petróleo, por exemplo, está sujeita a uma base menor: 1,6% da receita bruta. Em compensação, a regra geral da prestação de serviços prevê base de 32%. Antes de decidir, faça as contas.

JOGO RÁPIDO

■ *Em janeiro de 2002, uma Medida Provisória chegou a elevar de 12% para 32% do faturamento a base de cálculo da CSLL para prestadoras de serviço. A norma, porém, foi alterada e o percentual voltou para 12% do faturamento. Verifique sempre a legislação.*

Quais as diferenças por setores?

No lucro presumido, o cálculo do IR tem sua base alterada conforme a atividade

No quadro a seguir você pode verificar as diferentes bases de cálculo possíveis para quem optou por pagar o IR pelo lucro presumido. O percentual deve ser aplicado à receita bruta. Desse resultado, a empresa levanta a base de cálculo, que estará sujeita a adições e subtrações previstas em lei. Quem estiver no lucro presumido deve acrescentar à base para o cálculo do IR, se for o caso, o ganho de capital na venda de bens do ativo permanente, por exemplo. Definida a base, resta aplicar as alíquotas do imposto. Caso atue em diversos setores, a empresa deve adotar o percentual correspondente à receita apurada em cada atividade.
Não se esqueça: são 15% de alíquota básica e 10% de alíquota adicional. Esta última só é aplicada sobre valores acima de R$ 60 mil, no trimestre.

ATIVIDADE	BASE (% DA RECEITA BRUTA)
Venda de mercadorias e produtos	8
Revenda, para consumo, de combustível derivado de petróleo, álcool etílico carburante e gás natural	1,6
Prestação de serviços de transporte, exceto de carga	16
Prestação de serviços de transporte de cargas	8
Prestação de demais serviços, exceto hospitalares	32
Prestação de serviços em geral das pessoas jurídicas com receita bruta anual de até R$ 120 mil, exceto serviços hospitalares, de transportes e de profissões regulamentadas (artigo 40 da Lei nº 9.250/95	16
Empresas que têm como atividade contratual a venda de imóveis	8

Fonte: Machado Associados Advogados e Consultores.

COMO PAGAR IR E REMUNERAR OS SÓCIOS

COM A MELHOR OPÇÃO, SOBRAM MAIS LUCROS PARA TODOS

Todos podem optar pelo lucro presumido?

Veja se sua empresa não se enquadra em nenhuma hipótese de exclusão

Nem todo mundo pode optar pelo lucro presumido. Entre as situações vetadas, destacam-se:
- tiveram receita bruta superior a R$ 24 milhões no ano-calendário anterior;
- tiverem atividades de bancos comerciais, bancos de investimento, bancos de desenvolvimento, caixas econômicas, sociedades de crédito, financiamento e investimento, entre outras do setor financeiro;
- autorizadas pela legislação tributária, que queriam aproveitar benefícios fiscais relativos à isenção ou redução do IR;
- tenham lucros, rendimentos ou ganhos de capital do exterior;
- tenham suspendido ou reduzido o pagamento do imposto durante o ano-calendário, inclusive efetuado pagamentos por estimativa;
- explorem atividade de prestação cumulativa e contínua de serviços de assessoria creditícia, mercadológica, gestão de crédito, administração de contas a pagar e a receber, entre outras.

Vantagens do lucro presumido: esse regime é considerado mais simples e exige menos documentação que o regime do lucro real. Tende a ser mais vantajoso para empresas altamente lucrativas.

Desvantagens do lucro presumido: nem todas as empresas podem apurar o lucro pelo regime do presumido. Há limitação conforme o volume de faturamento e também de acordo com a atividade. Não é interessante para quem tem prejuízo. Como o IR é pago com base na receita bruta e não sobre o lucro efetivo, a empresa paga mais quando fica no vermelho.

LEGISLAÇÃO BÁSICA

Os requisitos para optar pelo lucro presumido estão previstos no art. 14 da Lei nº 9.718/98. A Lei nº 9.249/95 estabelece, em seu artigo 15, os percentuais de presunção que serão aplicados sobre a receita bruta das empresas, de acordo com sua atividade.

O que é lucro arbitrado?

Regime pode ser imposto em algumas situações de exceção

O lucro arbitrado é geralmente imposto pela fiscalização da Receita Federal à empresa.

O pagamento de IR das empresas poderá ser arbitrado quando a empresa obrigada ao lucro real não estiver em dia ou em ordem com a escrituração, conforme previsto na legislação comercial e fiscal; quando a documentação contiver vícios, erros ou deficiências que a tornem insuficiente para verificar o lucro da empresa; ou , ainda, quando a empresa optar indevidamente pelo lucro presumido.

A legislação prevê outras possibilidades, sempre ligadas a erros e falhas no cumprimento das normas.

No caso do lucro arbitrado, a empresa paga o IR calculado, na regra geral, sobre 9,6% da receita bruta. A fórmula vale para os casos em que a receita bruta é conhecida. Vale lembrar que esse percentual varia de 1,92% a 38,4%, conforme a atividade da empresa. Se a receita bruta da empresa não for conhecida, a fiscalização determinará como o imposto será recolhido.

Empresas submetidas a situações consideradas como "casos fortuitos" ou de "força maior" também podem ficar sujeitas ao lucro arbitrado. Isso vale, por exemplo, quando os livros da empresa foram destruídos por uma enchente, incêndio ou outro acidente fora de controle do contribuinte.

LEGISLAÇÃO BÁSICA

O lucro arbitrado está previsto no artigo 21, parágrafo segundo da Lei nº 8.541/92 e na Lei nº 8.981/95.

COMO PAGAR IR E REMUNERAR OS SÓCIOS

COM A MELHOR OPÇÃO, SOBRAM MAIS LUCROS PARA TODOS

O que analisar antes de optar?

Calcular a lucratividade da empresa pode ser o primeiro passo

Uma das primeiras providências que deve ser tomada na hora de optar por uma das formas de recolhimento do IR é verificar o nível de lucratividade em relação à receita bruta. Essa conta pode ser o primeiro passo para se decidir entre o lucro presumido e o real.

A questão é simples: no presumido, a indústria e comércio pagam, na regra geral, um IR de 25% sobre 8% da receita bruta. Isso, considerando a alíquota básica mais a adicional. Ou seja, presume-se que o lucro da empresa tenha sido de 8% da receita. Um percentual considerado atualmente pelo mercado como uma relação lucro/receita invejável. Portanto, se a empresa for muito lucrativa, com ganhos efetivos acima de 8% da receita, há uma boa possibilidade de que o lucro presumido seja a melhor escolha. Se os lucros forem menores que 8% da receita, o lucro real deverá ser estudado com cuidado.

É bom lembrar que, ao fazer o cálculo, a empresa deve levar também em consideração a cobrança da CSLL. No presumido, ela é calculada em 9% sobre 12% da receita bruta. Ou seja, o presumido considera, no caso da CSLL, um lucro equivalente a 12% da receita. Aqui também cabe fazer a comparação. Se o lucro efetivo for muito maior que esse percentual, o lucro presumido terá grandes chances de ser a melhor forma de pagar os tributos sobre ganhos. Caso contrário, estude a possibilidade de adotar o lucro real.

Quais são as variáveis mais importantes?

Não se esqueça de alguns detalhes no cálculo pelo lucro presumido

Um lembrete importante para quem está pensando seriamente em optar pelo lucro presumido: considere as adições e exclusões que a base de cálculo pode sofrer. Depois que a empresa calcula os 8% da receita sobre os quais pagará o IR no regime do presumido, terá de incluir nessa base alguns valores, como o ganho de capital na venda de bens do ativo permanente, por exemplo. Portanto, todos os resultados adicionados depois no lucro presumido deverão ser levados em consideração, antes que se opte pela forma de pagamento.
Se a empresa tiver um lucro efetivo maior que 8% mas apresentar um grande volume de ganho de capital a ser adicionado à base, o valor sobre o qual será aplicada a alíquota de 25% poderá tornar-se tão alto que não compensará adotar o presumido.
Também não se deve esquecer de que, conforme a atividade, as alíquotas para o cálculo do IR devido no lucro presumido são diferentes (consulte a tabela da pergunta "Quais as diferenças por setores?")
Uma variável igualmente importante está no estoque de prejuízos fiscais que a empresa tem. Se esse estoque for muito grande, talvez valha a pena optar pelo lucro real, que possibilita a compensação de prejuízos fiscais acumulados em anos anteriores. A legislação impõe um limite de 30% do lucro nessa compensação. Mas, mesmo com essa restrição, esse estoque de perdas passadas pode fazer uma boa diferença nas contas.

COMO PAGAR IR E REMUNERAR OS SÓCIOS

COM A MELHOR OPÇÃO, SOBRAM MAIS LUCROS PARA TODOS

PARE E ORGANIZE-SE

Antes de decidir, saiba que:

1) a tributação pelo lucro real é a única opção para algumas atividades e para empresas com receita bruta anual acima de R$ 24 milhões;

2) a sazonalidade é importante. Pode significar que a empresa suporta prejuízos num determinado período e lucros em outros;

3) há diferenças entre lucro líquido e lucro real. Faça a conta com o número certo;

4) os resultados do passado são referências válidas, mas é fundamental visualizar o futuro. Inclua expectativas de novas receitas, leve em conta os planos da empresa;

5) uma vez feita a opção pela forma de tributação, não se pode mais trocar durante todo o ano-calendário que se inicia em 1º de janeiro e termina em 31 de dezembro;

6) o presumido tem várias alíquotas diferentes para definir a base de cálculo do IR, conforme a atividade. Verifique seu enquadramento;

7) o presumido tende a ser mais atrativo para empresas altamente lucrativas. Calcule a relação lucro/receita, mas não se esqueça de que a base de cálculo para esse regime sofre adições importantes. São incluídos, por exemplo, alguns ganhos de capital. É bom lembrar que as despesas relativas aos ganhos operacionais NÃO são abatidas. Faça a conta detalhada;

8) o estoque de prejuízos fiscais pode permitir a compensação e, nesse caso, fazer uma grande diferença nas contas.

9) o lucro real demanda uma documentação mais sofisticada em relação ao presumido. A comprovação das despesas, por exemplo, requer mais formalidade.

Como os sócios podem ser remunerados?

Conheça as opções e reserve um tempo para fazer as contas na ponta do lápis

Existem várias formas de o empreendedor tirar a sua parte no final do mês. Vale a pena fazer as contas e calcular qual traz a menor carga de tributos. Assim, sobra mais para o sócio e para a empresa. Pró-labore, distribuição de dividendos e juros sobre o capital próprio são as opções para remuneração de sócios. Se você não conhece essas alternativas, reserve um tempo para dar uma olhada e fazer as contas na ponta do lápis. Com um pouco de paciência você poderá ter a certeza de que o sócio está sendo remunerado da forma mais vantajosa.

Por que é importante estudar as opções?

Com a escolha certa, sobram mais lucros

A definição de como o sócio será remunerado depende da estrutura da empresa, da existência de lucros, da atuação ou não do empreendedor na administração do negócio. O aspecto tributário, porém, pode fazer uma boa diferença.
É importante lembrar que essa não é uma decisão que afeta apenas a empresa. O sócio-empreendedor também se beneficia com uma opção bem estudada. Com a escolha certa, sobram mais lucros para a empresa e rendimentos para o sócio. Todos ganham. Para isso, portanto, é necessário que se faça um cálculo da tributação global em cada uma das opções existentes. Ou seja, é preciso verificar quanto a empresa e o sócio pagarão de impostos em cada opção, somar tudo e só depois comparar.

COMO PAGAR IR E REMUNERAR OS SÓCIOS

COM A MELHOR OPÇÃO, SOBRAM MAIS LUCROS PARA TODOS

Como funciona o pró-labore?

Entenda essa forma tradicional de remuneração dos sócios

Pró-labore
vem do latim, significa "pelo trabalho". Refere-se à remuneração que alguém recebe como contraprestação dos serviços que presta ou da função que exerce. Em direito comercial, o pró-labore é a remuneração, pela empresa, como contraprestação ao trabalho do administrador, seja ele sócio, acionista ou diretor.

O pró-labore é a forma mais utilizada para pagar o sócio. Isso não significa que seja, necessariamente, a alternativa mais barata. É a opção mais comum porque é a mais tradicional, é o arroz com feijão, mais simples e sem segredos. É bom lembrar, porém, que sempre vale analisar cada caso e verificar se pode ser interessante variar o "cardápio", mesmo que um ingrediente ou outro seja mais sofisticado ou o preparo mais trabalhoso.

Quais as vantagens e desvantagens do pró-labore?

Retenção de IR na fonte e cobrança de contribuição previdenciária oneram a opção

Para os especialistas, a maior vantagem é que o pagamento do pró-labore significa uma despesa para a empresa. Assim, o valor fica livre de tributação do IR e da CSLL. A maior desvantagem é que o sócio que recebe a remuneração paga o Imposto de Renda sobre ela. Ele paga de acordo com a mesma tabela progressiva de IR que serve para a retenção do tributo nos salário pagos ao empregado. A tabela em vigor atualmente tem uma faixa de isenção e uma alíquota máxima de 27,5%. Na verdade, o sócio nem chega a ver a cor do dinheiro correspondente ao valor recolhido como IR. Isso porque no pró-labore recolhe-se o imposto na fonte, com base na tabela progressiva. Ao fazer o pagamento, a empresa já retém o tributo. Há uma segunda tributação que também pesa bastante sobre o pró-labore: a contribuição previdenciária de 20% ao Instituto Nacional de Seguro Social (INSS).

LEGISLAÇÃO BÁSICA

O artigo 22, I, da Lei nº 9.876/99 estabeleceu que a contribuição previdenciária incide sobre os rendimentos a título de pró-labore à alíquota de 20%.

De quanto é o IR retido sobre o pró-labore?

Desconto na fonte segue a tabela progressiva das pessoas físicas

A retenção do IR no pró-labore pago pela empresa ao sócio, acionista ou diretor segue a seguinte tabela progressiva. Os valores retidos são considerados como antecipação do IR devido na declaração de rendimentos da pessoa física do beneficiário:

TABELA DE DESCONTO NA FONTE

VALOR (AO MÊS)	ALÍQUOTA DE IR (EM %)	PARCELA A DEDUZIR (EM R$)
Até R$ 1.058,00	0	–
Acima de R$ 1.058,00 até R$ 2.115,00	15	158,70
Acima de R$ 2.115,00	27,5	423,08

Fonte: Secretaria da Receita Federal e Valor Pesquisa Econômica
A tabela leva em consideração a MP nº 22/2002, em vigor em janeiro de 2002

Na ponta do lápis, optando pelo pró-labore a empresa fica livre de tributação do IR e da CSLL, mas paga 20% de INSS. Já o sócio paga o IR retido na fonte de acordo com a tabela progressiva em vigor.

Como funcionam os dividendos?

Alternativa só é válida nos casos de empresa com lucro

O dividendo também pode ser chamado de distribuição de lucros. Ele é retirado, portanto, dos ganhos da empresa. Por isso, não é considerado como despesa. O dividendo é, na verdade, uma compensação ao sócio, que investiu na companhia. A tributação sobre a distribuição de lucros mudou muito nos últimos anos. Hoje ela é isenta de IR. A tributação sobre dividendos é um ponto sensível e sujeito a muitas mudanças, porque é uma das formas utilizadas pelo governo para estimular ou não a distribuição de lucros, principalmente quando se trata de remessas ao exterior.

COMO PAGAR IR E REMUNERAR OS SÓCIOS

COM A MELHOR OPÇÃO, SOBRAM MAIS LUCROS PARA TODOS

Quais as vantagens e desvantagens dos dividendos?

Lucro distribuído não escapa dos 25% de IR mais 9% de CSLL

Veja no quadro abaixo as mudanças na tributação de dividendos desde 1988.

PERÍODO	TRIBUTAÇÃO
1988-1992	8% retido exclusivamente na fonte. Pagamento a sócios no exterior estava sujeito a um complemento de 17% quando da remessa, já que a alíquota genérica para rendimento de não-residentes era de 25%, exceto para países que possuíssem tratados com o Brasil.
1993	Isento na distribuição a sócios no Brasil, e tributados a 15% quando distribuídos a sócios domiciliados no exterior.
1994-1995	15%, compensáveis na pessoa jurídica (Imposto de Renda retido na fonte sobre os próprios lucros) e na pessoa física (tributação exclusiva opcional)
Desde 1996	isento

Fonte: Machado Associados Advogados e Consultores.

A **maior vantagem** do dividendo é que se fica livre de cobrança de IR na fonte. Ou seja, quando a empresa paga o dividendo, não precisa reter o imposto. Mais ainda: desde 1996, também não é cobrado IR na declaração de rendimentos dos beneficiários sobre os lucros distribuídos. Ou seja, a empresa não retém o IR na distribuição do lucro e o sócio que o recebeu também não paga imposto na sua declaração como pessoa física. Além disso, os lucros distribuídos também não são tributados pela contribuição ao INSS de 20%.

A **maior desvantagem** é que, como o dividendo não é despesa, a empresa paga IR sobre os valores distribuídos. Assim, recolhe-se 25% de IR (15% + adicional de 10%) e CSLL de 9%. Além disso, esse sistema só pode ser utilizado por empresas lucrativas.

Na ponta do lápis, no dividendo a empresa paga 34% de IR mais CSLL. No caso do sócio, ou beneficiário, os lucros distribuídos ficam sem tributação de IR na fonte ou na declaração de rendimentos de pessoa física. Além disso, é isento da contribuição previdenciária.

Como funcionam os juros sobre capital próprio?

No mercado, esse mecanismo é chamado de "juros pela TJLP"

Disponível desde 1996, o mecanismo dos juros sobre capital próprio é mais sofisticado que o pró-labore e o dividendo. Mas a idéia é simples: o sócio pode ser remunerado com valores calculados com base em um percentual do patrimônio líquido da empresa. Na hora do cálculo, leva-se em consideração o patrimônio em 31 de dezembro do ano anterior.

Existe, entre outras regras, um limite máximo para esse percentual. Ele só pode chegar até a variação da Taxa de Juros de Longo Prazo (TJLP). Por isso mesmo é que costuma ser chamado no mercado como "juros pela TJLP". A maior vantagem dos juros pela TJLP é que eles são considerados despesas financeiras. Por isso, ficam livres do pagamento de IR pela empresa. Quanto ao sócio, os juros, quando pagos à pessoa física, ficam sujeitos ao recolhimento de 15% de IR. O imposto é retido na fonte, no momento em que os juros são distribuídos. Não é cobrado imposto sobre os valores recebidos quando o sócio apresentar sua declaração de pessoa física. Além disso, a legislação permite a dedução dos juros no cálculo da CSLL da empresa.

A maior desvantagem é que ela só pode ser usada por empresas que tenham lucro. E, além de estar limitado à TJLP, o pagamento de juros não pode superar 50% dos lucros acumulados ou do lucro do exercício. Entre os dois, vale o que for o maior.

Na ponta do lápis, nos juros pela TJLP a empresa fica livre de tributos. No caso do sócio, ou beneficiário, há retenção de IR de 15% no momento do pagamento.

A TJLP é calculada pelo Banco Central (BC) com base nos empréstimos concedidos pelos bancos nos financiamentos a longo prazo. No caso de remuneração de acionistas, ela é usada apenas como uma referência para saber qual o percentual máximo que se pode calcular sobre o capital próprio na distribuição de lucros.

LEGISLAÇÃO BÁSICA

A remuneração pela TJLP foi prevista na Lei nº 9.249/95 e consiste em pagar ao sócio cotista ou acionista o montante equivalente à aplicação da própria TJLP sobre o patrimônio líquido existente em 31 de dezembro do ano imediatamente anterior.

COMO PAGAR IR E REMUNERAR OS SÓCIOS
COM A MELHOR OPÇÃO, SOBRAM MAIS LUCROS PARA TODOS

Um exemplo de cálculo

A comparação de todas as opções é imprescindível para fazer a melhor escolha

O quadro a seguir simula uma situação hipotética de remuneração de sócios e, ao final, compara a carga tributária global sobre cada uma das opções:

CÁLCULO DO IRPJ E DA CSLL

	Pró Labore – R$	Juros TJLP – R$	Distribuição Lucros – R$
Lucro Líquido antes dos Juros e Pró-Labore	1.000.000	1.000.000	1.000.000
Pró-Labore	600.000	0	0
INSS (Patronal) – 20%	120.000	0	0
Juros TJLP	0	600.000	0
Lucro Líquido antes dos impostos	280.000	400.000	1.000.000
Adições/Exclusões	0	0	0
Base de Cálculo (Lucro Real)	280.000	400.000	1.000.000
CSLL – 9%	25.200	36.000	90.000
IRPJ – 15% + Adicional 10%	46.000	76.000	226.000
Lucro Líquido após os impostos	208.800	288.000	684.000
Distribuição de Lucros	0	0	600.000
Lucro Líquido após a Distribuição (à disposição)	**208.800**	**288.000**	**84.000**

COMPOSIÇÃO DA CARGA TRIBUTÁRIA

	Pró Labore – R$	Juros TJLP – R$	Distribuição Lucros – R$
IRRF – Ônus do Sócio – Tabela Progressiva	159.924	0	0
IRRF sobre os Juros TJLP – 15%	0	90.000	0
INSS Patronal – 20%	120.000	0	0
CSLL – 9%	25.200	36.000	90.000
IRPJ – 15% + Adicional 10%	46.000	76.000	226.000
Total da Carga Tributária	**351.124**	**202.000**	**316.000**
Economia tributária dos juros TJLP em comparação às demais formas	**149.124**		**114.000**

Fonte: ASPR Auditoria e Consultoria
Foi considerada a tabela progressiva de IR prevista na MP nº22/2002, em vigor em janeiro de 2002

Pelo resultado da simulação, a TJLP é a situação que oferece a menor carga tributária.
Os cálculos levaram em consideração a Lei nº 9.249/95, com empresa no lucro real e que tem como sócios pessoas físicas.

O que é distribuição desproporcional de lucros?

Alternativa pode ser interessante para sócio que atua na administração da empresa

Às vezes, a melhor opção para remunerar os sócios pode ser um mix e não uma forma isolada de pagamento. No caso do sócio que atua na administração da empresa e faz jus ao pró-labore, uma das formas indicadas pelos especialistas é o que se chama de distribuição desproporcional de lucros. Nessa forma de remuneração, os sócios recebem uma parte menos significativa em pró-labore sobre a qual são recolhidos o IR na fonte e a contribuição ao INSS. A diferença será paga aos sócios por distribuição desproporcional dos lucros apurados mês a mês no decorrer do ano. Os lucros distribuídos ficam livres do IR na fonte e também na declaração de pessoa física do sócio. Vale lembrar que não pode ser distribuído valor superior ao lucro apurado nos balanços.

A distribuição desproporcional exige que haja lucros disponíveis para distribuição. Caso contrário, a fiscalização poderá interpretar que as distribuições aos sócios não se referem a lucros, mas sim a pagamentos quaisquer, inominados. Nesse caso, os valores ficariam sujeitos ao recolhimento de IR na fonte e na declaração de pessoa física do beneficiário.

PARE E ORGANIZE-SE

Antes de decidir pela sua forma de remuneração aos sócios, saiba que:

1) a participação da empresa em outras pode transformar completamente os resultados. Ou seja, se os lucros ou os juros pela TJLP forem distribuídos a uma empresa e não a uma pessoa física, é necessário um cálculo cuidadoso que compare a carga tributária global em cada uma das opções;

2) é preciso levar em consideração o nível de remuneração dos beneficiários;

3) algumas opções exigem a existência de lucros;

4) o pró-labore precisa ter um serviço prestado como contrapartida;

5) é necessário analisar o impacto do IR a ser pago pela empresa e pela pessoa física do sócio.

JOGO RÁPIDO

Para viabilizar a distribuição desproporcional de lucros é necessário que o contrato social da empresa preveja essa forma de remuneração. Além disso, o lucro a ser distribuído deverá ser levantado em balanços intermediários.

COMO PAGAR IR E REMUNERAR OS SÓCIOS

De olho na oportunidade

Estar atento às mudanças das normas é uma das melhores formas de organizar o pagamento de tributos. Às vezes, garantir uma possibilidade a mais na hora de pagar algum imposto já é suficiente para permitir redução de carga tributária. É bom lembrar que hoje em dia pagar menos impostos não é somente reduzir custos. É também aumentar a competitividade, manter lucros e ter condições de ganhar mais mercado.

Adesão planejada

Um bom exemplo de aproveitamento das normas tributárias foi a adesão da Votorantim Celulose e Papel S.A. (VCP) ao Programa de Recuperação Fiscal (Refis) lançado em março de 2000. Oferecido com o objetivo de propiciar parcelamento a longo prazo de débitos tributários com condições bastante vantajosas, o Refis foi um programa feito sob medida para empresas em dificuldades financeiras. O que, então, pode ter levado uma empresa como a VCP, com níveis de lucro invejáveis e integrante de um dos maiores grupos nacionais do país, a optar pelo programa?
Simples. Com a adesão, a VCP conseguiu garantir até 2005 uma possibilidade que, de outra forma, não teria: o pagamento de Imposto de Renda (IR) e Contribuição Social sobre o Lucro Líquido (CSLL) pelo regime do lucro presumido. Exatamente aquela forma de pagamento de tributos na qual a empresa recolhe o imposto com base num percentual do faturamento.
E que pode ser interessante para empresas altamente lucrativas, como é o caso da Votorantim. De acordo com análise feita por especialistas em reportagem publicada sobre o assunto no jornal *Valor Econômico*, a empresa pode ter a chance de reduzir praticamente à metade a carga de impostos sobre o lucro. Tudo dependerá da representatividade de alguns valores que devem ser adicionados à base de cálculo antes da aplicação das alíquotas de IR.
Vale lembrar que em condições normais a VCP não poderia jamais, pelas regras atuais, aderir ao lucro presumido. Dentre outras restrições, essa forma de pagar tributos só está disponível para empresas com receitas de até R$ 24 milhões anuais.
A receita da VCP em 2000 ultrapassou R$ 1,5 bilhão. Com a adesão ao Refis, a empresa ganha o direito de pagar esses dois tributos com base em um percentual do seu faturamento e não mais sobre os lucros efetivos. No caso do setor industrial, o percentual é de 8%, a ser aplicado sobre a receita .
Dependendo da lucratividade da empresa, a entrada da VCP no Refis pode proporcionar economia de IR e CSLL. De forma perfeitamente legal e

incontestável pela Receita Federal porque, segundo especialistas, a própria legislação do Refis permite que os optantes migrem para o presumido, independentemente do tamanho da empresa.
Segundo simulações feitas por consultores, a economia que a VCP terá com o pagamento de impostos dependerá das adições e exclusões no cálculo do lucro e da representatividade de outras receitas, como as financeiras. Essas contas, porém, lembram os especialistas, podem ser mantidas sob controle com planejamento e estratégias administrativas. Nesse caso, obviamente, a gerência do negócio deverá levar em conta os aspectos tributários.

Sem problemas com a dívida

A VCP provavelmente não terá dificuldades em pagar a dívida incluída no Refis. Com um montante R$ 1,62 bilhão de receita bruta de vendas e lucro líquido, antes de deduzidos os impostos, de R$ 419,35 milhões em 2000, a empresa entrou no programa com um débito de R$ 762 mil, segundo informações do seu balanço.
A Votorantim optou por uma forma de pagamento que lhe garante permanência no Refis até 2005. A legislação do programa permite duas formas de abater os débitos tributários. Uma delas é o tradicional parcelamento sem prazo determinado, com pagamentos mensais calculados com base em um percentual do faturamento. Para as grandes empresas, que geralmente pagam IR pelo lucro real, as parcelas correspondem a 1,2% das receitas.
Mas a VCP escolheu usar a segunda opção oferecida pela legislação do Refis: o pagamento parcelado em até cinco anos, com recolhimento mensal mínimo de R$ 3 mil. De acordo com dados publicados pela empresa no final de 2000, a VCP pagará os R$ 762 mil em 60 vezes. Isso quer dizer que ela aproveitará os cinco anos de prazo máximo permitido para essa forma de parcelamento. Nesse período, o débito será corrigido pela Taxa de Juros de Longo Prazo (TJLP).
Terá, portanto, a chance de reduzir sua carga tributária durante cinco anos, ampliando o leque de opções para o pagamento de IR e CSLL. Talvez a empresa não utilize o lucro presumido, mas o terá à mão quando lhe for conveniente. Essa é, na análise de especialistas, a grande vantagem que a empresa pode ter em termos tributários, aproveitando a legislação sem feri-la e fazendo dela um instrumento ligado às decisões gerenciais.

APROVEITANDO AS BRECHAS

UTILIZE A LEGISLAÇÃO A SEU FAVOR

Aplique no cotidiano da empresa
as opções que as normas legais
proporcionam

APROVEITANDO AS BRECHAS

UTILIZE A LEGISLAÇÃO A SEU FAVOR

Qual a melhor hora para estudar uma forma de reduzir tributos?

Estude as opções que a lei oferece para os eventos do dia-a-dia

Verificar as possibilidades legais de redução de carga tributária exige tempo para analisar como a empresa resolve o trivial no dia-a-dia. As opções que a legislação proporciona e seus efeitos tributários não devem ser estudados apenas em ocasiões especiais. No cotidiano da empresa podem existir muitos vazamentos de tributos.

O que é depreciação acelerada?

Conheça esse mecanismo e seus efeitos tributários

A depreciação acelerada é um mecanismo pelo qual se pode contabilizar o efeito dos turnos adicionais na vida útil de máquinas e equipamentos, que são considerados como ativos. Na regra geral, considera-se, para o pagamento do IR, que uma máquina possui vida útil de dez anos. Ao final desse período ela está depreciada, ou seja, tem um desgaste anual que chega a 100% ao fim de uma década. Na conta rápida dos tributaristas, seria uma depreciação de 10% ao ano.
Acontece que a aplicação de dois ou três turnos de trabalho muitas vezes é a melhor opção na gerência de um negócio – quando há sazonalidade ou aumento de produção que ainda não sustenta a ampliação do parque industrial. Essa decisão pode ter impacto na tributação. Se a empresa trabalha com mais de um turno, as máquinas estarão sujeitas a um uso e desgaste maiores que podem ter efeitos na vida útil desses ativos. Esse efeito pode ser registrado pela depreciação acelerada e ajudar a reduzir o IR da empresa.

Como funciona a depreciação acelerada?

Ela reflete o desgaste maior ao qual as máquinas são submetidas

No Regulamento do Imposto de Renda (RIR) você pode encontrar as regras que definem o percentual adicional de depreciação que sofre uma máquina submetida a mais de um turno. No caso de um turno adicional de oito horas, o desgaste a ser contabilizado será de uma vez e meia a depreciação normal, ou seja, 15% a cada ano. Assim, o ativo torna-se depreciado em menos de sete anos. Se a empresa funcionar em três turnos de oito horas, o desgaste aumenta para duas vezes a depreciação normal, ou seja, 20% a cada ano. Assim, a máquina chega a 100% de depreciação ao final de cinco anos. Exatamente por refletir, na contabilidade, o ritmo maior de desgaste dos ativos, esse mecanismo recebe o nome de depreciação acelerada. Caso os turnos adicionais não funcionem durante todo o ano, mas somente por algum período, a empresa poderá fazer o cálculo do desgaste proporcional. Confira abaixo os critérios previstos na legislação para calcular as principais taxas de depreciação e o tempo que leva para o esgotamento do bem. Segundo a fiscalização, o cálculo da depreciação deve seguir o método linear.

O RIR prevê que o custo de aquisição de bens do ativo permanente de baixo valor pode ser deduzido integralmente como despesa operacional para o cálculo do IR e da CSLL. Isso vale para os bens com valor individual de até R$ 326,61 ou para aqueles com prazo de vida útil inferior a um ano.

> **LEGISLAÇÃO BÁSICA**
>
> *As taxas de depreciação estão previstas nos artigos 305 e 323 do RIR/99, com alteração da Instrução Normativa (IN) nº 162/98.*

Bem	Depreciação ao ano	Prazo para depreciação total
Edifícios	4%	25 anos
Veículos e caminhões	20%	5 anos
Computadores	20%	5 anos
Móveis e utensílios	10%	10 anos
Máquinas e equipamentos	10%	10 anos

Fonte: Secretaria da Receita Federal

APROVEITANDO AS BRECHAS
UTILIZE A LEGISLAÇÃO A SEU FAVOR

Casos específicos de depreciação

Alguns equipamentos depreciam mais rápido. Veja tabela abaixo

> **JOGO RÁPIDO**
>
> *A depreciação se refere à perda pelo uso, tempo, desgaste, obsolescência de prédios, terrenos, máquinas, mobiliários, veículos etc. Há também a exaustão, que se aplica à perda de valor dos recursos naturais e florestais em razão de exploração ou de condições contratuais.*

Bem	Depreciação ao ano	Prazo para depreciação total
Caixas de fundição/moldes	33,33%	3 anos
Discos e fitas magnéticas	33,33%	3 anos
Tratores	25%	4 anos
Veículos de transporte	25%	4 anos
Indústria química	20%	5 anos

Fonte: Machado Associados Advogados e Consultores.
Observação: com base no Regulamento do Imposto de Renda, com alteração da Instrução Normativa da Receita Federal nº 162/98.

Qual o impacto tributário da depreciação acelerada?

A despesa relativa ao desgaste da máquina é descontada da base de cálculo do IR

Na depreciação normal, que demora dez anos, a empresa contabiliza um desgaste de 10% ao ano. Esse registro é tratado como despesa e retirado da base sobre a qual serão calculados os 25% de IR. No caso da depreciação acelerada para um turno adicional de oito horas, o desgaste sobe de 10% para 15% ao ano. Ou seja, a despesa e a dedução no cálculo do imposto é maior: 15% do valor da máquina. Se houver mais um turno, maior será a depreciação e a dedução no IR.

Para aproveitar esses efeitos tributários é preciso reunir documentos que comprovem os turnos adicionais. Nem sempre é necessário encomendar laudo pericial. Geralmente, bastam cartões de ponto e relatórios gerenciais de produção e turnos, por exemplo.

Existe outro tipo de depreciação?

Sim, a depreciação incentivada

A depreciação incentivada é, na verdade, um incentivo fiscal federal concedido para estimular a compra de novas máquinas.
Existem algumas diferenças importantes entre a depreciação acelerada e a incentivada. Enquanto a primeira permite uma despesa maior no IR, por causa do efetivo desgaste adicional do ativo, a segunda é um adiamento do imposto que, no futuro, será exigido da empresa. Portanto, se para uma determinada máquina foi permitida uma depreciação incentivada de 20% em vez dos tradicionais 10% anuais, a empresa que a adquirir poderá, em cinco anos, contabilizar 100% de desgaste. Passado esse período, porém, a empresa precisará reconhecer, a cada ano, a parcela do desgaste incentivado. Isso quer dizer que ela deverá somar ao lucro tributável a diferença entre a depreciação incentivada e a depreciação normal. No mesmo exemplo, 10% (20% menos 10%). Ou seja, a empresa paga, no futuro, o IR que deixou de pagar no período anterior.

Os imóveis rurais têm tratamento especial?

Diferença é interessante para atividade agrícola

Existe **um tipo de depreciação** interessante para empresas da área agrícola. Uma agroindústria, por exemplo. Segundo o RIR, o imóvel rural com uso relacionado à atividade da agroindústria poderá ter sua depreciação acelerada em 100% do valor declarado para a sua aquisição. Ou seja, a empresa pode lançar, como despesa do imposto, 100% do que foi pago pelo ativo no ano da aquisição. Essa previsão, aplicada desde 1996, não vale para a terra nua.

APROVEITANDO AS BRECHAS
UTILIZE A LEGISLAÇÃO A SEU FAVOR

Como aproveitar melhor o capital de giro?

A sugestão é explorar a diferença de tributação entre pessoas físicas e empresas

A aplicação financeira é uma forma de aproveitar os recursos em caixa. Nessa hora também é possível pensar na melhor solução para que os rendimentos da aplicação possam ser aproveitados com o mínimo possível de tributação.
Os especialistas sugerem uma redução de capital ou distribuição de lucros no valor do capital de giro excedente. Os recursos seriam retirados pelos sócios, que fariam a aplicação em renda fixa, por exemplo. Como o investimento será feito em nome da pessoa física do empreendedor, seus rendimentos ficarão sujeitos a uma tributação exclusiva de 20% do IR na fonte. Sobre esses rendimentos não se recolhe IR pela tabela progressiva.
Se a mesma aplicação fosse feita pela empresa, a tributação seria maior. Quando contabilizados na pessoa jurídica, esses rendimentos são considerados como receita e pagam 3% de Cofins, mais PIS de 0,65%, além de IR de 25% e CSLL de 9%. Juntos, os quatro tributos somam 37,5%.
O valor distribuído ao sócio para a aplicação pode retornar para a empresa sob a forma de empréstimo. Explicando: a pessoa física do sócio empresta os recursos para a companhia da qual é sócio. Pode emprestar, inclusive, a parte correspondente aos rendimentos da aplicação. Como se trata de um empréstimo, a empresa deverá pagar ao sócio juros que ficam livres dos 34% de IR e CSLL devidos pela pessoa jurídica que usa o regime do lucro real. Os juros pagam IR na fonte de 20%.

Quais os cuidados necessários nesse caso?

Conflitos entre sócios podem atrapalhar o planejamento

Se há divergências entre os sócios da empresa, esse planejamento pode comprometer a aplicação do capital de giro da companhia. Um acordo informal sobre o retorno dos recursos para a empresa via empréstimo pode ser feito, mas conflitos entre sócios podem atrapalhar esse planejamento. Discordâncias sobre a destinação do dinheiro ou a possibilidade de os recursos cedidos aos sócios não retornarem como investimento conforme planejado irão, fatalmente, comprometer a redução de carga tributária. Analise bem o caso da sua empresa antes de implementar a operação.

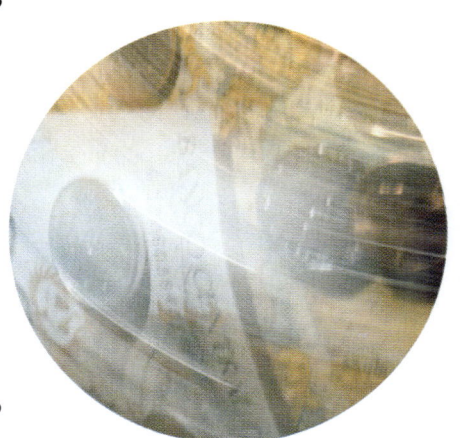

PARE E ORGANIZE-SE

Antes de decidir, saiba que:

1) os conflitos entre sócios podem atrapalhar;

2) se a alternativa for a distribuição de lucros, a empresa precisa ser lucrativa;

3) as operações precisam ser fundamentadas economicamente. Os empréstimos precisam ter juros razoáveis, de mercado. Caso contrário, a operação pode ser questionada pela fiscalização. Os juros pagos no empréstimo só deixarão de ser tributados pelo IR se a empresa estiver no lucro real;

4) é preciso comparar o impacto financeiro e o tributário;

5) as alíquotas relativas ao IR retido na fonte na aplicação de renda fixa e variável costumam ser alteradas com freqüência. Verifique antes;

6) o planejamento só traz economia se o sócio for pessoa física.

APROVEITANDO AS BRECHAS
UTILIZE A LEGISLAÇÃO A SEU FAVOR

Os sócios têm renda relativa à locação?

Transferência de bens pode ser boa solução

No caso de empresa que paga IR pelo lucro presumido com sócios que têm muitas propriedades e receitas representativas com aluguéis de imóveis, pode haver uma solução para reduzir a carga tributária sobre os aluguéis cobrados pelos sócios. A sugestão de especialistas é fazer a transferência da propriedade explorada pelo sócio. Nesse caso, o imóvel pode ser passado para a pessoa jurídica por integralização de capital.

A vantagem tributária é a seguinte: se o imóvel continuar sendo da pessoa física, o valor declarado como receita de aluguel fica sujeito a tributação de até 27,5% na declaração de IR. Se o imóvel for transferido para a empresa via integralização de capital, a carga tributária sobre o aluguel será reduzida para 12,73%, incluindo PIS, Cofins, IR e CSLL. A conta considera a maior base de cálculo de IR no lucro presumido: a de 32%. É importante destacar que essa forma de cálculo só vale para empresas que tenham a exploração de imóveis no seu objetivo social. Caso contrário, o IR e a CSLL serão cobrados de outra forma. Se sua empresa tem a exploração de imóveis como um objetivo social, a tributação fica assim:

JOGO RÁPIDO

Nesse planejamento, os valores relativos aos aluguéis recebidos pela empresa podem ser pagos aos sócios por distribuição de lucros ou remuneração pela TJLP.

Tributação	alíquota efetiva sobre receita de aluguel
25% de IR sobre 32% da receita bruta	8%
CSLL de 9% sobre 12% da receita bruta	1,08%
3% de Cofins	3%
0,65% de PIS	0,65%
Total de carga tributária	12,73%

Fonte: ASPR Auditoria e Consultoria.

A operação pode ficar sujeita ao ITBI?

Dependendo das receitas da empresa, há cobrança do imposto

É bom lembrar que se a empresa for de algum setor em que a renda relativa à receita com imóveis é muito representativa – uma grande imobiliária, por exemplo –, a operação de transferência do bem do sócio para a pessoa jurídica deverá pagar o Imposto sobre Transmissão de Bens Imóveis (ITBI). Se esse for o seu caso, calcule esse custo adicional. Segundo a Constituição Federal, o ITBI não é devido na integralização de capital ou na cisão, fusão ou incorporação de empresas. A exceção fica para as empresas que possuem receita preponderante com imóveis. Geralmente considera-se como preponderante a receita superior a 50% do total.

Os especialistas chamam a atenção para o seguinte: se as receitas com imóveis não forem preponderantes em comparação com outros recebimentos da empresa, o aumento de capital fica livre do ITBI.

ITBI
Imposto cobrado na transferência de imóveis por "ato oneroso". Explicando melhor: por qualquer operação na qual o bem seja transferido entre pessoas distintas e a troca de titularidade tenha como contrapartida algum tipo de pagamento. O ITBI é o imposto pago na venda de imóvel. Suas alíquotas e forma de cobrança são definidas em cada município. Em São Paulo, chega a 4% sobre o valor venal declarado.

PARE E ORGANIZE-SE

Antes de decidir, saiba que:

1) essa alternativa só é interessante para quem paga IR pelo lucro presumido;

2) em alguns casos, a transferência do imóvel pode pagar o ITBI;

3) se a empresa pretende mudar o regime de tributação do presumido para o lucro real em breve, os cálculos precisam ser feitos cuidadosamente. Planeje antes;

4) o planejamento considera que o sócio em questão é pessoa física.

APROVEITANDO AS BRECHAS

UTILIZE A LEGISLAÇÃO A SEU FAVOR

O que fazer se a empresa reúne atividades diferentes?

Estude o desmembramento da empresa

O desmembramento de empresas pode ser contestado pelo Fisco. Para evitar isso, é essencial que a partir da reorganização societária as novas pessoas jurídicas que surgirem tenham realmente vida própria. Com sua própria estrutura, maquinário e funcionários. Os melhores planejamentos tributários são aqueles que conseguem otimizar, do ponto de vista tributário, as decisões administrativas e gerenciais de uma empresa.

Para os casos de companhias que possuem mais de uma linha de produção ou reúnem várias atividades diferentes, quadro muito comum nas empresas familiares, uma dica dos especialistas é estudar o desmembramento da empresa em duas ou mais pessoas jurídicas distintas. Isso será interessante caso haja uma atividade altamente lucrativa ao lado de outra que, por um motivo qualquer, apresente altos níveis de prejuízos. Nesse caso, a primeira daria origem a uma empresa que pagaria IR pelo regime do presumido e a segunda poderia fazer os recolhimentos pelo lucro real. Assim, a primeira poderia pagar IR e CSLL sobre uma margem menor de ganhos e a segunda deixaria de ser tributada, já que apresenta perdas fiscais. Claro que nesse caso é necessário que haja uma reestruturação da companhia, que se dividirá em duas ou mais. Antes de mais nada, devem ser feitos cálculos cuidadosos para saber se haverá mesmo vantagem tributária. As operações precisam ter fundamentação econômica e devem seguir o que se chama de princípio da razoabilidade. Isso quer dizer que sempre será difícil sustentar a existência de duas empresas distintas se na vida prática as duas companhias têm a mesma atividade, utilizam um mesmo espaço físico, as mesmas máquinas e os mesmos funcionários. Nesse caso, estaria muito claro que se trata de uma empresa só. E não de duas.

> **JOGO RÁPIDO**
>
> *Os cálculos para verificar se vale a pena dividir a empresa devem levar em consideração todos os tributos. Não se esqueça de que se uma empresa fornecer a matéria-prima de outra, por exemplo, as operações comerciais entre as duas pessoas jurídicas darão origem à tributação em cascata de PIS e Cofins. Faça as contas.*

O cliente
não pagou. Isso afeta o IR da empresa?

Aproveite as deduções permitidas pelas normas tributárias

Se o calote é inevitável, ao menos aproveite as garantias da legislação. Você sabia que a lei prevê possibilidades de jogar como despesa de IR e de CSLL algumas perdas com a falta de pagamento por clientes? Há mais restrições do que as empresas gostariam, mas ainda assim é possível fazer alguma dedução. De qualquer forma, poder aproveitar o que as próprias normas fiscais prevêem é melhor do que arcar com todo o prejuízo.

Até 1995, a legislação permitia um volume maior de dedução pelo que se convencionou chamar no mercado de Perdas para Devedores Duvidosos. A idéia era permitir às empresas que pagam imposto pelo lucro real retirar da base de cálculo do IR valores que, embora contabilizados como receita, não chegaram a entrar no caixa. Ou seja, pagamentos que, mesmo vencidos, não foram saldados pelos clientes. Receitas que deixaram de existir, lucros que não vieram e que, por isso, não faria sentido que fossem alvos de tributação.

Pela legislação atual, apenas os créditos realmente não-recuperáveis devem fazer parte das despesas para cálculo dos tributos. Para isso, a empresa precisa provar que esgotou as possibilidades de cobrança. Em outras palavras, que o crédito realmente está "micado". Essa prova varia conforme a situação. Depende do valor da dívida ou da existência de garantias, entre outros fatores.

Antes as empresas podiam aproveitar alguns valores como despesa por devedores duvidosos, dependendo do nível de lucro ou de receita. Assim, as empresas calculavam os percentuais e faziam a dedução no IR e na CSLL. Houve, porém, muita discussão judicial em razão de interpretações divergentes entre Fisco e contribuintes. Hoje as regras são outras.

LEGISLAÇÃO BÁSICA

As perdas no recebimento de créditos estão reguladas no RIR/99, artigos 340 a 343.

APROVEITANDO AS BRECHAS
UTILIZE A LEGISLAÇÃO A SEU FAVOR

E se o devedor foi declarado insolvente ou apresentou garantias?

A legislação tem previsões específicas

Se o devedor foi declarado insolvente em sentença judicial, o crédito que a empresa deixou de receber pode ser deduzido integralmente do IR e da CSLL. Não há limite de valor. A regra vale, portanto, para qualquer montante de dívida. Considera-se situação de insolvência a declaração de que a empresa foi à falência.

Os débitos de devedores que apresentaram garantia real (hipoteca, por exemplo) são os mais difíceis de ser deduzidos do IR e da CSLL. No caso de títulos garantidos vencidos há mais de dois anos, não há limite de valor para que a dívida seja considerada como despesa para os dois tributos. Mas a dedução só é permitida se forem iniciados e mantidos os procedimentos judiciais para a cobrança ou para o arresto das garantias.

Se o devedor foi declarado falido pelo Judiciário, também não há limite de valores.

No caso da empresa que teve a concordata concedida pelo Judiciário, o credor só poderá fazer a dedução caso a concordatária (que solicitou a moratória) não honre o pagamento com o qual se comprometeu durante o processo de concordata.

Se, por acaso, o juiz permitir que a concordatária se comprometa a pagar somente uma parte da dívida, a dedução da diferença é permitida a partir da data da decretação de falência ou da concessão da concordata.

As deduções são válidas desde que o credor tenha tomado as providências judiciais necessárias para o recebimento do crédito.

Falência
É considerada como a situação de insolvência total da empresa. Uma empresa falida provavelmente não tem condições de continuar a exercer sua atividade ou pagar parte significativa de suas dívidas. A falência é solicitada no Judiciário pelo credor, que apresenta um título vencido da empresa.

Falência e concordata são coisas distintas. Enquanto a primeira é solicitada pelo credor, a segunda é pedida pela própria empresa, que reconhece a incapacidade momentânea de saldar as dívidas de curto prazo.

A concordata é uma espécie de moratória prevista na legislação e da qual a empresa pode fazer uso. É o Judiciário quem decide aceitar ou não o pedido.

A concordata demora, a princípio, dois anos.

JOGO RÁPIDO

No caso de falência da empresa, é bom lembrar que os empregados e os órgãos arrecadadores de tributos têm a preferência na lista de pagamentos.

E se não houver garantias?

Normas para dedução variam de acordo com o valor da dívida

Antes de saber quais normas aplicar para definir a dedução com o não-recebimento de créditos sem garantias, é preciso verificar o valor da dívida e há quanto tempo a conta está vencida. Da combinação dessas duas variáveis dependerá a possibilidade de excluir o valor não-recebido do cálculo dos tributos pagos sobre o lucro.

No caso de dívidas vencidas há mais de seis meses, por exemplo, e com valores de até R$ 5 mil, é permitida a dedução, mesmo que o credor ainda não tenha iniciado as medidas judiciais para o recebimento do crédito.

Se a situação for de contas vencidas há mais de um ano e valores entre R$ 5 mil e R$ 30 mil, vale a mesma regra. É possível deduzir, caso haja cobrança administrativa, independentemente de o credor ter iniciado os procedimentos judiciais para o recebimento.

Para créditos vencidos há mais de um ano e valores superiores a R$ 30 mil, a contabilização dessas perdas como despesa só será possível se o credor tiver iniciado e mantido as medidas judiciais para o recebimento do título.

Para os especialistas, a melhor forma de garantir a dedução permitida em lei de créditos não-recuperáveis é tomar todas as medidas legais para pressionar o devedor. Desde a cobrança administrativa até o protesto de título, a solicitação de falência ou a ação judicial, o que couber.

JOGO RÁPIDO

Havendo garantia ou não, a legislação não limita a dedução de encargos financeiros relativos a créditos vencidos. A condição básica é de que essa exclusão só seja feita dois meses após o vencimento do crédito.

APROVEITANDO AS BRECHAS
UTILIZE A LEGISLAÇÃO A SEU FAVOR

Regras para dedução de perdas

Verifique abaixo as normas com o não-recebimento de créditos

DESCRIÇÃO	VALOR	OBSERVAÇÃO
I – Cujo devedor tenha sido declarado insolvente, em sentença emanada pelo Poder Judiciário	Sem limite	Independentemente de iniciados os procedimentos judiciais para o seu recebimento
II - Sem garantia: a) vencidos há mais de seis meses	Até R$ 5.000,00	Independentemente de iniciados os procedimentos judiciais para seu recebimento, porém mantida a cobrança administrativa
b) vencidos há mais de um ano	Acima de R$ 5.000,00 até R$ 30.000,00	Desde que iniciados e mantidos os procedimentos judiciais para o seu recebimento
c) vencidos há mais de um ano	Superiores a R$ 30.000,00	Desde que iniciados e mantidos os procedimentos judiciais para o seu recebimento ou o arresto das garantias;
III- Com garantia: a) vencidos há mais de dois anos	Sem limite	Caso a empresa concordatária não honre a parcela com a qual se comprometeu, esta parcela também poderá ser considerada como perda
IV- Crédito contra devedor declarado falido ou pessoa jurídica declarada concordatária	Pessoa jurídica falida - sem limite; Pessoa jurídica concordatária – parcela do crédito que exceder o valor que esta tenha se comprometido a pagar	A dedução da perda será admitida a partir da data da decretação da falência ou da concessão da concordata, desde que a credora tenha adotado os procedimentos judiciais necessários para o recebimento do crédito
V- Encargos financeiros de Créditos vencidos	Sem limite	Poderão ser excluídos para efeito de determinação do lucro real os encargos financeiros, após decorridos dois meses do vencimento do crédito.

Fonte: ASPR Auditoria e Consultoria

Como economizar tributos na venda de um imóvel?

Transferência do bem a um sócio pode trazer vantagem

Se por algum motivo a empresa tributada no lucro real ou presumido decide vender um de seus imóveis, uma das sugestões dos especialistas para economizar com tributos é transferir o bem para um dos sócios.

Após a transferência do bem via redução de capital, o sócio, como pessoa física, poderá vendê-lo. A diferença entre o valor original e o valor de venda será o ganho de capital.

O sócio pagará sobre esse ganho 15% de IR, exclusivamente na fonte.

Se a mesma operação fosse feita pela empresa, a carga tributária seria bem maior. A pessoa jurídica que está no lucro real ou presumido pagaria 34% em tributos. Seriam 25% de IR mais 9% de CSLL. PIS e Cofins não são devidos se a atividade da empresa não for imobiliária.

Caso a venda seja feita pela pessoa física do sócio, os recursos podem voltar à empresa sob a forma de aumento de capital.

Mas antes de decidir, é bom verificar a incidência do ITBI (veja em tributos municipais). Quando a redução de capital é feita com um bem, o imposto é cobrado. Nesse caso, leva-se em consideração o valor da redução de capital. Dependendo do valor do imóvel e da alíquota do imposto, o planejamento pode perder a vantagem.

Também vale a pena lembrar que a sugestão serve para o sócio que seja pessoa física. E que ela leva em consideração que os recursos realmente retornarão para a empresa após a alienação do imóvel.

APROVEITANDO AS BRECHAS
UTILIZE A LEGISLAÇÃO A SEU FAVOR

Posso reavaliar o ativo imobilizado?

A princípio, esse mecanismo não tem efeitos fiscais

O ativos imobilizados tangíveis sãos os bens físicos da empresa que não são destinados à venda e sim à manutenção da sua atividade operacional. Terrenos, prédios, veículos, móveis e máquinas podem ser citados como exemplo. No Brasil, esses bens são registrados nas contas das empresas pelo seu valor de custo, mas a empresa, se quiser, pode atualizá-los a valor de mercado. É a chamada reavaliação de ativo imobilizado.

Com a atualização, os bens aparecem na contabilidade da empresa com seu valor de mercado e não mais pelo de aquisição. Para a empresa pode ser interessante porque a diferença entre o valor histórico e o de mercado dá origem a uma reserva de reavaliação. Na prática, o efeito é o aumento do patrimônio líquido da empresa.

A boa prática contábil diz que a reavaliação deve ser feita com base em laudos de especialistas e também deve levar em consideração a depreciação do bem, como a obsolescência, o desgaste e a freqüência de uso, o que for o caso. As normas, porém, não foram, segundo o mercado, capazes de coibir reavaliações exageradas que transformaram patrimônios negativos em altamente positivos. Por tudo isso, a reavaliação contábil é muito discutida e pode ser abolida da legislação brasileira.

Como a reavaliação é contabilizada?

Cuidados podem evitar erros comuns

A receita originada com a atualização do ativo imobilizado integra uma conta chamada reserva de reavaliação que eleva o patrimônio líquido da empresa e, a princípio, é livre da tributação do IR.

Vale lembrar que, em troca, as depreciações adicionais com a reavaliação de ativos não podem ser deduzidas do IR e da CSLL, como acontece com a depreciação normal. Isso quer dizer que, se um bem valia antes R$ 500 mil e tinha o desgaste padrão de 10% ao ano, a depreciação dedutível seria de R$ 50 mil (10% de R$ 500 mil). Suponha que numa atualização o valor suba para R$ 1 milhão. A empresa deverá passar a contabilizar uma depreciação de R$ 100 mil (10% de R$ 1 milhão). Mas a parcela dedutível dos tributos continuará a ser R$ 50 mil.

De maneira diferente do que muita gente pensa, não há efeitos fiscais nem no momento em que a empresa se desfaz do bem reavaliado. Porque nessa hora o valor da reserva de reavaliação precisará ser adicionado à base de cálculo do IR e da CSLL. O resultado, ao final, será nulo.

A reavaliação é um tema altamente controverso. Os defensores dizem que é legítimo porque mostra ao leitor do balanço um valor de ativo imobilizado mais próximo ao da realidade. Por outro lado, o mecanismo é criticado porque suscitou, nos últimos anos, uma maquiagem de balanços indesejável. Alguns casos de aumento vertiginoso de patrimônio resultaram em "exageros" na reavaliação.

APROVEITANDO AS BRECHAS
UTILIZE A LEGISLAÇÃO A SEU FAVOR

Como tributar receitas de exportação?

Teste todas as formas para creditar o PIS e a Cofins

Sem poder abrir mão da arrecadação de tributos e pressionado a melhorar os números da balança comercial, o governo lança de tempos em tempos medidas que buscam amenizar a carga tributária sobre as exportações.

Desde outubro de 2001, as empresas que vendem para o exterior têm uma nova possibilidade de calcular o crédito presumido do Imposto sobre Produtos Industrializados (IPI) originado do recolhimento de PIS e Cofins devidos na fabricação de mercadorias para exportação. Trata-se de uma opção. Antes de escolher entre o método antigo e o novo, é preciso analisar cada caso. Se as receitas de exportação são significativas para sua empresa, vale a pena fazer as contas. Os cálculos são trabalhosos, pois levam em consideração custos e fórmulas de fatores que serão aplicados depois sobre uma base de cálculo. Vale a pena, porém, usar a legislação a seu favor quando o assunto é o recolhimento de PIS e Cofins. Juntos, esses dois tributos abocanham 3,65% da receita bruta, incluídas as receitas financeiras. Não é pouco, sobretudo se levarmos em consideração que essas contribuições serão pagas de qualquer jeito, independentemente da existência de lucros.

Crédito presumido

Recolhido pela Receita Federal, o IPI é cobrado sobre todos os produtos industrializados. A forma que o governo encontrou, nos últimos anos, para amenizar a carga tributária sobre as exportações foi permitir que as empresas descontem do IPI devido ao menos parte do que foi pago como PIS e Cofins na fabricação de produtos destinados à exportação. É o chamado crédito presumido de IPI. O problema sempre foi calcular quanto, afinal, as empresas pagam de PIS e Cofins no processo de produção.

Como calcular o crédito de IPI?

O método tradicional foi previsto em 1996

Hoje as empresas têm duas alternativas para calcular o crédito presumido de IPI relativo ao PIS e à Cofins pagos na exportação.
O mais antigo é o previsto na Lei nº 9.363/96. Essa lei leva em consideração que os produtos industrializados, até ficarem prontos para exportação, têm, em média, duas etapas internas de industrialização e comercialização. Ou seja, a cadeia de produção e venda da mercadoria só tem duas etapas. A legislação considerou o PIS de 0,65% e a Cofins, cobrada na época em 2% (hoje a alíquota é de 3%). Assim, ficou definido que dentre os custos dos produtos exportados, 5,37% seriam relativos ao PIS e à Cofins. Foi apresentada uma fórmula para o cálculo. Assim, esses 5,37% corresponderiam ao crédito presumido que as empresas podem ter na hora de pagar o IPI.
A medida, apesar de amenizar a carga tributária das duas contribuições, não ficou imune a críticas na época. Isso porque o cálculo previsto na lei leva em consideração duas etapas de produção e venda, e muitos produtos exigem uma cadeia muito maior. Como o PIS e a Cofins são cumulativos, a representatividade das duas contribuições nos custos de produção poderia ser muito mais alta que 5,37%. Quando a Cofins subiu de 2% para 3%, em 1999, a insatisfação tornou-se ainda maior, pois, além de levar em conta apenas duas etapas de produção e comercialização, os 5,37% de crédito não incluíram esse aumento de alíquota da Cofins.

LEGISLAÇÃO BÁSICA

O método tradicional para cálculo do presumido está previsto na Lei nº 9.363/96. O chamado método alternativo está previsto na Lei nº 10.276/2001, com regulamentação pela IN da Receita Federal nº 69/2001.

APROVEITANDO AS BRECHAS
UTILIZE A LEGISLAÇÃO A SEU FAVOR

E o método alternativo, como funciona?

Desde outubro de 2001, as empresas têm nova opção

Para o cálculo do fator, não deve ser incluído na receita de exportação o valor das vendas, para o exterior, de produtos não tributados e produtos adquiridos de terceiros que não tenham sido submetidos a qualquer processo de industrialização pelo exportador. Esses valores devem integrar a receita operacional bruta.

JOGO RÁPIDO

O valor dos custos que serão incluídos na fórmula terá teto de 80% da receita bruta operacional.

No chamado método alternativo, o crédito presumido é determinado pela relação entre as receitas de exportação e o lucro bruto total da empresa.
Quanto mais significativa for a participação das receitas de exportação em relação ao lucro bruto total, maior tende a ser o crédito presumido de IPI.
Na nova metodologia é preciso calcular um fator multiplicando 0,0365 pelo resultado da divisão entre a receita de exportação e a receita operacional bruta menos os custos de produção. O fator resultante será aplicado sobre o valor dos custos de produção, que é a base de cálculo do crédito presumido. Vale lembrar que o resultado da divisão entre a receita de exportação e a receita operacional bruta menos os custos de produção tem o teto de 5 (cinco). Ou seja, se o resultado for maior, fica reduzido a cinco. Essa limitação leva em consideração o ressarcimento do PIS e da Cofins em até cinco fases do processo produtivo.

PARE E ORGANIZE-SE

Antes de decidir, saiba que:

1) é necessário comparar as duas formas de crédito de IPI;

2) a legislação pode prever adições e exclusões diferenciadas nas receitas e custos levados em consideração. Fique atento;

3) verifique antes se deve haver mudança na sua estrutura de receitas e ganhos. Uma representatividade maior do custo dos produtos vendidos no mercado interno ou lucratividade menor podem mudar muito os resultados.

O que são preços de transferência?

O mecanismo que chega a assustar grandes empresa

Previsto somente a partir de 1997, o preço de transferência é uma ferramenta pela qual a Receita Federal compara o valor de uma operação entre empresas do mesmo grupo com o valor de uma operação entre duas empresas sem nenhum tipo de vínculo. A idéia é eliminar a exportação de lucros a partir de um controle maior das operações internacionais de compra e venda entre empresas vinculadas. As distorções podem dar origem a um subfaturamento ou superfaturamento que reduzirá o lucro declarado no Brasil e, como conseqüência, o IR e a CSLL.

Há uma série de fórmulas relativas à definição dos preços de transferência. São cálculos destinados a operações de exportação e de importação e que tentam alcançar os mais diversos casos. Desde aqueles empreendedores que apenas revendem o que foi adquirido no mercado externo, até os que importam matéria-prima e a submetem à industrialização. Estão submetidas ao controle dos preços de transferência as operações entre empresas brasileiras e pessoas físicas ou jurídicas vinculadas domiciliadas no exterior. Também são atingidas as operações com empresa não-vinculada, domiciliada em países considerados paraísos fiscais, além das operações com empresas protegidas pelo sigilo societário. A fiscalização pode ser feita na importação e exportação de bens, direitos ou serviços; no reconhecimento de receitas e rendimentos derivados de exportação, entre outros.

O preço de transferência representa um entrave para um planejamento no qual conglomerados de empresas transferem, por operações internacionais de compra e venda, as margens de lucros. Na prática, os resultados são obtidos em países com carga tributária mais alta e depois transferidos para paraísos fiscais ou locais com tributação mais branda.

Paraísos fiscais
De acordo com a legislação tributária, são todos os países que não tributam a renda ou que a tributam com alíquotas inferiores a 20%.

JOGO RÁPIDO

É bom lembrar que os preços de transferência não atingem somente as grandes empresas. Estão submetidas a ela representantes comerciais com contratos de exclusividade com empresas do exterior, mesmo que não haja nenhum tipo de vínculo societário.

APROVEITANDO AS BRECHAS

Na falta de leis, o tribunal resolve

A legislação nem sempre prevê tudo. Por essa razão, algumas questões são resolvidas nos tribunais, sejam eles judiciais ou administrativos. Por exemplo, o "rateio de despesas" é, segundo os tributaristas, um dos assuntos que costumam causar dúvidas entre os empreendedores.

Todo mundo concorda que o rateio de despesas e custos deve ser adotado quando existe o uso em comum de algum bem ou serviço. Um caso em que isso acontece é quando várias empresas pertencentes a um grupo consomem a energia elétrica que é cobrada numa conta que está somente em nome de uma das companhias. Além de tornar os números do balanço mais confiáveis e fiéis à realidade, dar a cada uma a despesa que lhe cabe não onera indevidamente uma companhia em detrimento da outra.

Até aí não há muita polêmica. A grande pergunta está no campo tributário: que tributos são devidos sobre os ressarcimentos que uma empresa poderá fazer à outra? Por falta de previsão legal, cada companhia costuma responder à questão a seu modo. Isso significa que enquanto uma parte recolhe todos os tributos que o Fisco poderia cobrar, a outra não paga nada. O restante, na dúvida, simplesmente fica sem fazer o rateio de despesas.

Se numa situação dessas você não quer pagar mais do que deve e também prefere não correr o risco de ser autuado, a orientação dos tributaristas é usar o bom senso e utilizar as experiências que outros contribuintes tiveram. É bom lembrar que nem sempre o bom senso elimina a possibilidade de se receber a visita da fiscalização e ser autuado. Exatamente porque a interpretação do Fisco e dos contribuintes costuma colidir. Mas a dica, no caso, é acompanhar o que se decide nos tribunais. Assim, as chances de acertar tornam-se maiores.

Conselho de Contribuintes

No caso do rateio de despesas, por exemplo, os tributaristas acreditam que as reiteradas decisões do Conselho de Contribuintes sobre o assunto permitem aconselhar que as empresas descontem os valores rateados na hora de calcular tributos como o IR. Para quem não se lembra, o Conselho de Contribuintes é o tribunal administrativo que decide sobre questões relacionadas a tributos arrecadados pela Receita Federal. Existem, porém, cuidados necessários. Nos julgamentos, os conselheiros exigem muito mais do que a comprovação de despesa e desembolso para cobri-la. Além de documentar o dispêndio, é preciso demonstrar a relação entre a despesa e a atividade da empresa. É necessário também que o desembolso reflita o uso de um bem ou serviço utilizado para produzir ou ao menos ajudar a originar receitas. Logo, não é permitido, nem pertinente, inventar despesas ou declarar custos aleatoriamente. Sempre discutido caso a caso, o rateio de despesas precisa ser fundamentado e seguir critérios consistentes, razoáveis e objetivos.

Laudo pericial

Existem alguns rateios de despesas que, além da documentação básica, exigirão que o contribuinte apresente um laudo pericial. Acontece quando fica realmente muito difícil defender um determinado critério elaborado pelo próprio contribuinte para medir a participação de cada empresa no uso de um bem ou serviço. Divisão de despesas relacionadas a uso de máquinas e assessoria para administração de recursos são exemplos de utilização de bens e serviços que podem tornar-se difíceis de dividir.
Mas não desanime. Nem todas as discussões sobre a dedução da despesa rateada na base de cálculo de um tributo exigem a análise de um perito.
Em situações simples, como o de empresas do mesmo grupo que compartilham de um mesmo espaço alugado, por exemplo, as companhias não precisam apresentar perícia. Mas, atenção: não é tão fácil como o caso de duas pessoas que dividem o aluguel de um apartamento. Antes de fazer o rateio, é essencial criar um critério para definir a parcela exata da despesa que cabe a cada empresa.
A fórmula de cálculo pode levar em consideração, entre outros fatores, o espaço ocupado e o nível de uso de áreas comuns, de acordo com o número de funcionários. Também é interessante documentar os critérios adotados.
Com a divisão desse custo, cada empresa registraria, como despesa em sua contabilidade, a parte do aluguel que lhe cabe, de acordo com os critérios elaborados. Assim, mesmo que o contrato de locação esteja em nome de uma das pessoas jurídicas, a despesa de aluguel poderá ser compartilhada de forma proporcional ao uso. Decisões do Conselho de Contribuintes indicam que esses cuidados na hora de fazer o rateio podem permitir que os valores repassados fiquem livres da tributação do IR e dos 3,65% cobrados com o PIS e a Cofins. Vale a pena dar uma olhada nas decisões, lembrando sempre: o que os conselheiros querem é uma divisão consistente das despesas e que cada caso é um caso.

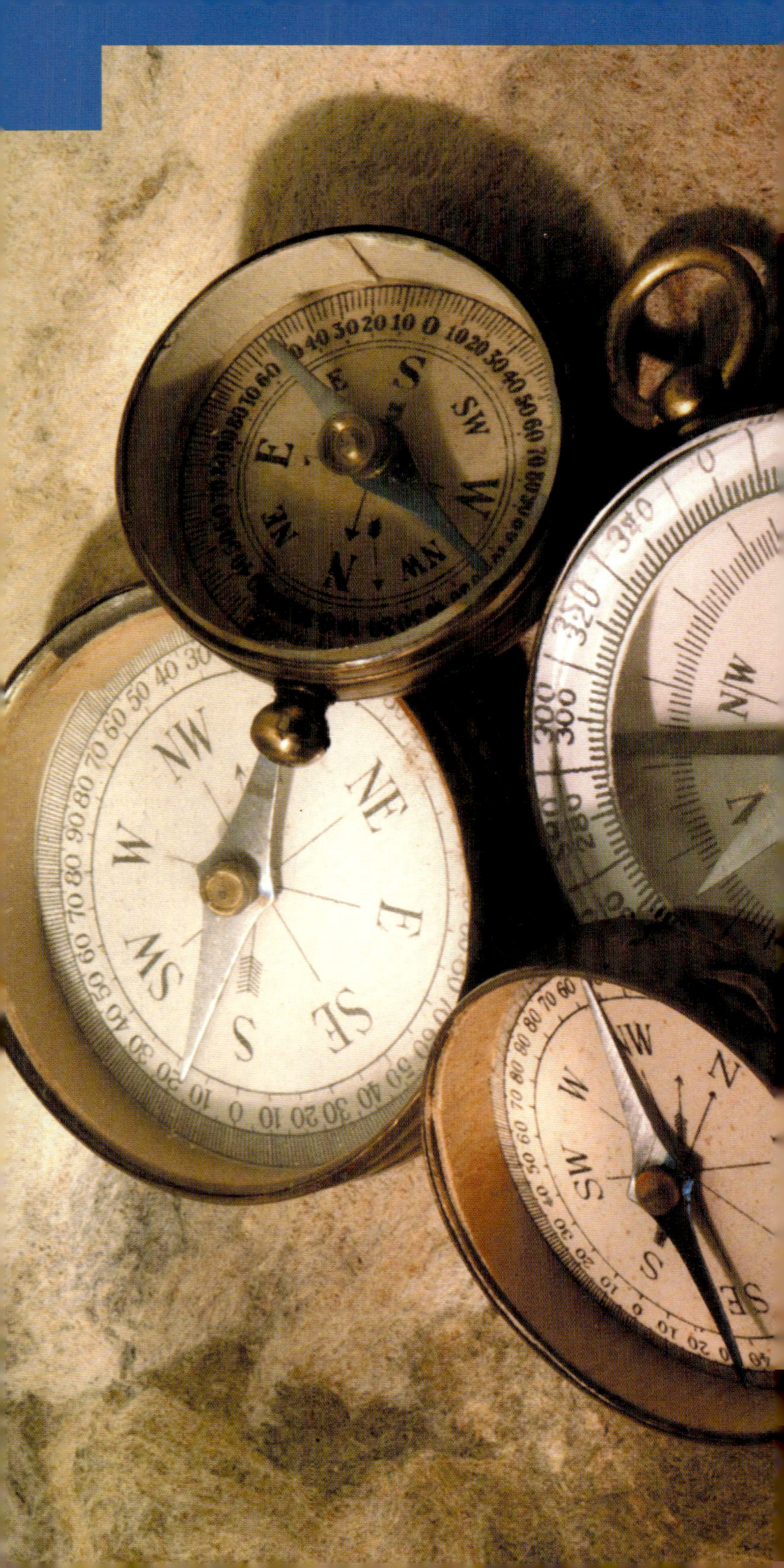

EM DÍVIDA COM O FISCO?

ESTUDE AS SOLUÇÕES POSSÍVEIS

Ter um débito tributário fecha muitas portas. Se o caminho é saldar a dívida, verifique antes as possibilidades que os órgãos arrecadadores oferecem

EM DÍVIDA COM O FISCO?
ESTUDE AS SOLUÇÕES POSSÍVEIS

Quais são as opções para quitar dívidas?

De parcelamentos ao perdão da multa, vale a pena conhecer as opções

O interesse da União, dos Estados e dos municípios em arrecadar tributos e o reconhecimento do alto índice de contribuintes inadimplentes muitas vezes levam o poder público a conceder facilidades no pagamento de impostos e contribuições em atraso.

Parcelamentos e anistias são oferecidos de tempos em tempos. Para municípios, Estados ou União, as facilidades são interessantes porque viabilizam uma arrecadação que provavelmente não teriam se essas concessões não fossem feitas. O Estado de São Paulo, por exemplo, estima, há anos, que sua dívida ativa equivale a R$ 20 bilhões. São débitos relacionados principalmente ao ICMS.

A Procuradoria-Geral da Fazenda Nacional, órgão responsável pela defesa da União em relação aos impostos e às contribuições recolhidos pela Receita Federal, apresenta um estoque de dívida ativa superior a R$ 100 bilhões.

Por isso mesmo, as facilidades para saldar os débitos aparecem de vez em quando. Elas vão desde prazos maiores para os pagamento até a redução ou eliminação de obrigações acessórias, como juros e multas. Obrigações que, dependendo da situação, na ponta do lápis, não são tão acessórias assim. Não é raro encontrar casos em que os juros e a multa representam mais do que o valor do principal. Situações como essa são muito comuns quando o débito tributário tem origem em uma autuação fiscal.

Como funcionam os parcelamentos?

Benefícios são concedidos para incentivar o pagamento

Todos os órgãos arrecadadores, desde as secretarias de finanças dos municípios, passando pelos Estados até a Receita Federal e o Instituto Nacional de Seguro Social, costumam oferecer, de tempos em tempos, parcelamentos de débitos tributários.

Esses órgãos, antes de registrar o débito na "dívida ativa", costumam chamar os contribuintes para um acordo amigável. Nos últimos anos tem sido freqüente, inclusive, a concessão de facilidades para valores incluídos na dívida ativa.

O Programa de Recuperação Fiscal (Refis), concedido em 2000 pelo governo federal, é um bom exemplo, pois permitiu o parcelamento a longuíssimo prazo. Por esse programa, as empresas puderam lançar vários tipos de débitos que passaram a ser saldados com parcelas equivalentes a 1,2% do faturamento da empresa submetida ao regime do lucro real. Condição concedida independentemente do valor da dívida consolidada.

Com correção pela TJLP, esse parcelamento foi considerado como uma proposta concedida de "pai para filho". A própria Receita Federal divulgou que o prazo médio de pagamento das empresas inscritas no programa supera os cem anos.

Claro que um programa tão bom tem algumas exigências. Uma delas é estar em dia com os tributos vincendos e também com as parcelas do Refis.

EM DÍVIDA COM O FISCO?
ESTUDE AS SOLUÇÕES POSSÍVEIS

Como me informar sobre os parcelamentos?

Esteja atento ao noticiário. Consulte os sites oficiais

Inadimplência e sonegação fiscal são diferentes. Inadimplência é o atraso de pagamento. O imposto é declarado, mas não é recolhido. A sonegação fiscal é crime: é a omissão de receita ou atos que dariam origem a uma obrigação tributária.

É verdade que o Refis é um parcelamento muito especial, com condições consideradas inéditas na história recente do país.
Mas o empreendedor não precisa ficar esperando programas tão especiais assim. Existem parcelamentos mais comuns que podem valer a pena se resolverem a pendência com o Fisco.
A melhor dica é acompanhar as informações constantemente divulgadas pelos próprios órgãos arrecadadores.
Os sites oficiais estão cada vez mais ágeis e são boa fonte de informação para o contribuinte que quer saber mais sobre sua situação fiscal e também verificar as condições de um parcelamento.

Vale a pena fazer denúncia espontânea?

Antecipar-se e declarar seu débito antes de uma autuação fiscal pode ser interessante

JOGO RÁPIDO
A discussão sobre sonegação fiscal trouxe à tona, principalmente nos últimos anos, o debate sobre elisão fiscal. A elisão vem da redução de carga tributária possibilitada por uma brecha da legislação. Não tem caráter de ilegalidade, já que apenas se aproveita de um "furo" nas normas tributárias.

Os benefícios concedidos pelos órgãos arrecadadores costumam ser maiores no caso da chamada "denúncia espontânea". Isso é nada mais do que a apresentação voluntária do contribuinte ao órgão arrecadador para assumir um débito declarado, não pago e ainda não autuado pela fiscalização. Nesse caso, a redução de multas e juros concedida por municípios, Estados e União costuma ser maior.
A vantagem da denúncia espontânea é que, de acordo com a jurisprudência, há exclusão de multas. Vale lembrar que, embora muitas vezes não seja concedida pelos órgãos arrecadadores, a exclusão das multas pode ser garantida pelo Judiciário. (Leia mais sobre o assunto no capítulo Disputas Judiciais).

Por que há tantas autuações hoje em dia?

A fiscalização está cada vez mais intensa nas empresas

A intensificação da fiscalização da Receita Federal tem feito diferença para as empresas nos últimos anos. Há pouco mais de cinco anos, o contencioso (como são chamadas as disputas judiciais ou administrativas) judicial representava 90% das discussões tributárias existentes. Somente 10% ficavam com as discussões administrativas. Hoje, os tributaristas notam um avanço cada vez maior das disputas no administrativo, principalmente nas esferas federal e estadual. Segundo eles, atualmente o administrativo e o judicial acabam dividindo o mesmo quinhão no volume de contestações. O perfil das disputas, porém, mostra como é clara a tendência de resolução no âmbito administrativo. Nos escritórios, a maioria das disputas mais antigas é judicial. Entre as mais recentes, ganham as administrativas.
Um dos maiores motivos dessa mudança está numa fiscalização mais intensa nas empresas. Geralmente originadas pela impugnação de uma autuação fiscal, as disputas administrativas também ganharam a preferência dos contribuintes e especialistas por serem mais rápidas, mais baratas e contarem com julgadores considerados mais especializados. Outro fator que contribui para a ida ao administrativo é a sofisticação da legislação. Aos poucos, ela vai fechando brechas e se tornando mais eficiente e mais comparável com as mais modernas normas de tributação do mundo.

EM DÍVIDA COM O FISCO?
ESTUDE AS SOLUÇÕES POSSÍVEIS

Quais os efeitos da fiscalização especializada?

Com técnicos mais bem preparados, a contestação às autuações fiscais fica mais difícil

Junto com a sofisticação de regras, vem a aposta na fiscalização e a especialização. Com técnicos mais preparados, as autuações fiscais tornaram-se mais sofisticadas e a impugnação, mais difícil. Com esse avanço tão claro do Fisco, só resta ao contribuinte, em caso de autuação, buscar, o mais rápido possível, as opções de solução. Elas vão desde o pagamento do tributo mais encargos até a contestação judicial ou administrativa. Após autuada, a empresa pode optar pelo pagamento do débito indicado pela fiscalização. Caso a empresa não conteste a cobrança e não aproveite os prazos de impugnação, o valor é inscrito na dívida ativa. Os órgãos arrecadadores costumam propor ao contribuinte algumas condições para amenizar o pagamento do débito. O parcelamento costuma ser um deles. Caso a proposta não seja aceita pelo contribuinte, a dívida fica sujeita a uma ação de execução fiscal, processo judicial pelo qual se cobram os valores inscritos na dívida ativa. Muitas vezes, a autuação fiscal aponta como irregular uma forma de recolhimento feita de acordo com a interpretação da empresa sobre a legislação. Uma interpretação diferente da do Fisco. Nesse caso, as empresas, geralmente, apresentam uma impugnação administrativa contestando as bases e fundamentos legais da autuação fiscal. Esse procedimento inicia um processo administrativo que passará por várias instâncias de julgamento.

JOGO RÁPIDO

Não confunda multa com autuação fiscal. A autuação acontece quando o fiscal verifica um procedimento ou lançamento que julga irregular ou inconsistente e indica um suposto débito tributário ao qual se aplicam uma ou várias multas. Essas cobranças acessórias variam. Em caso de haver suposto indício de fraude ou sonegação, por exemplo, a multa costuma ser mais pesada. A multa, portanto, é apenas um componente da autuação fiscal.

Como funciona a contestação administrativa?

Saiba por que esse tem sido o caminho preferido para as discussões tributárias

É o caminho preferido das empresas para a discussão de questões tributárias específicas, relacionadas a lançamentos contábeis. As instâncias administrativas de julgamento muitas vezes têm tido decisões mais favoráveis aos contribuintes do que o próprio Judiciário. O Conselho de Contribuintes, que julga recursos em discussões administrativas sobre tributos federais, por exemplo, já chegou a julgar vários assuntos antes dos tribunais superiores judiciais. E com decisões a favor das empresas. Mesmo vinculadas ao Poder Executivo, essas instâncias administrativas vêm surpreendendo os especialistas com decisões altamente técnicas e bem fundamentadas.

Além disso, os processos administrativos costumam ser mais baratos do que os judiciais. Formalmente, não há necessidade de advogados. Mas, na prática, a especificidade dos temas acaba demandando a assessoria de algum. Os honorários, portanto, acabam sendo mesmo uma despesa a mais. Em contrapartida, as custas processuais praticamente não existem.

Não se pode esquecer, porém, que o processo administrativo sobre tributos federais tem uma importante restrição. Os recursos destinados ao Conselho de Contribuintes contra decisões dadas em primeira instância exigem um depósito administrativo de 30% do valor da autuação fiscal ou o arrolamento de bens.

> **JOGO RÁPIDO**
>
> *Amplamente contestada no Judiciário, a exigência de depósito de 30% foi interpretada como uma forma de restringir o acesso ao processo administrativo. Em 2001, porém, a legislação passou a prever uma alternativa mais amena para o contribuinte. Em vez do depósito de 30%, as empresas podem apresentar um arrolamento de bens.*

EM DÍVIDA COM O FISCO?

ESTUDE AS SOLUÇÕES POSSÍVEIS

Quais os riscos de uma contestação administrativa?

Ninguém pode garantir os resultados de uma discussão sobre impostos

Não é possível prever com toda a certeza quais serão os resultados de um processo sobre tributos, seja ele judicial ou administrativo. No segundo caso, há uma vantagem. Se a empresa perder no administrativo, ela ainda pode levar o assunto ao Judiciário. Do lado de quem exige o tributo, isso nem sempre é possível, pois certas normas às vezes não permitem que o órgão arrecadador vá à Justiça. Um outro risco de uma decisão administrativa é que algumas vezes um julgamento favorável à empresa pode ser invalidado por um ato do Executivo. Isso já aconteceu com o Tribunal de Impostos e Taxas (TIT) do Estado de São Paulo, num caso sobre desoneração de ICMS na venda de semi-elaborados ao exterior. Depois de conseguir decisão favorável do tribunal, uma exportadora de suco de laranja teve seu julgamento anulado por um ato da Secretaria da Fazenda.

PARE E ORGANIZE-SE

Antes de decidir, saiba que:

1) há diferença entre inadimplência e sonegação fiscal;

2) o devedor pode ser incluído na dívida ativa e sofrer cobrança judicial;

3) pendências tributárias podem significar dificuldades para se obter uma certidão negativa, documento imprescindível para participar de licitações e abertura de crédito;

4) há sempre o risco concreto de se perder uma contestação judicial ou administrativa;

5) a denúncia espontânea pode trazer vantagens, como o abatimento da multa de mora.

6) o processo administrativo exige depósito de 30% ou arrolamento de bens

Onde buscar informações?

Cultive o hábito de consultar sempre as páginas oficiais

Uma boa notícia é que os sites dos órgãos arrecadadores e do governo evoluíram de uma forma espantosa. Hoje já é possível, por exemplo, consultar o Diário Oficial da União pela Internet, fazendo uma busca por palavra-chave, por exemplo. Alguns sites também são fontes de informações imprescindíveis sobre parcelamentos e anistias, além disso, por meio deles, você pode verificar se está em dia com o Fisco.

SITES QUE VOCÊ PRECISA CONHECER

Endereço	O que você vai encontrar
www.receita.fazenda.gov.br/	Informações da Receita Federal sobre recolhimento de impostos, regulamento de IR, restituições; respostas para dúvidas sobre tributos para empresas e pessoas físicas, etc.
www.conselhos.fazenda.gov.br/	Página do Conselho de Contribuintes. Permite verificação da pauta de julgamentos e consulta a ementas de julgamentos. O envio de acórdãos pode ser solicitado via e-mail.
www.pgfn.fazenda.gov.br/	A Procuradoria-Geral da Fazenda Nacional oferece informações sobre a evolução da dívida ativa da União, prestação de serviços sobre parcelamentos de tributos federais e retirada de certidão negativa.
www.brazil.gov.br/presrep_set.htm	Bom site para consultar normas. É a base referencial da legislação federal. Abrange desde a Constituição Federal até decretos, decretos-leis, Medidas Provisórias e projetos de lei.
www.in.gov.br/	A Imprensa Nacional permite consultas ao Diário Oficial do próprio dia e também a edições passadas. É possível fazer pesquisa no Diário Oficial da União e também no Diário da Justiça.
www.fazenda.sp.gov.br/tit/	Consulta via Internet sites de tribunais administrativos na esfera federal. O TIT, de São Paulo, tem uma página em que se pode encontrar ementas e consultar julgamentos já publicados.
www.fazenda.sp.gov.br/	A página do Posto Fiscal Eletrônico da Fazenda de São Paulo permite a consulta de legislações relativas ao ICMS. Procure na rede outros sites de órgãos de arrecadação estaduais e municipais.

EM DÍVIDA COM O FISCO?

Acerto de contas com o Fisco

Estar em falta com o Fisco nunca é uma situação confortável. O débito tributário muitas vezes impede a emissão de certidão negativa de débito. Sem esse documento, a empresa fica impedida de conseguir crédito, de fazer alterações societárias ou de participar de licitações, tendo assim sua atividade e capacidade de negociar comprometidas. Também não é nada confortável ver um débito ser incluído na dívida ativa e precisar apresentar garantias para impugnar uma execução fiscal. Ainda mais porque as procuradorias fiscais, responsáveis pela defesa do Executivo em questões relacionadas a tributos, também inovam e colocam em prática alguns procedimentos para pressionar cada vez mais os contribuintes. Entre eles, está a penhora de faturamento, por exemplo. Para quem não conhece essa medida, é aquela por meio da qual o Fisco pede um determinado percentual de tudo o que entra no caixa como forma de garantia da discussão judicial.

Soluções diferenciadas

É também verdade que os órgãos de arrecadação também estão inovando para facilitar o pagamento das dívidas tributárias. Antes do Refis, por exemplo, a União já havia, em 1999, concedido uma anistia que incentivava as empresas a desistir de alguma discussão judicial e saldar o débito com a vantagem de ter o abatimento de alguns encargos. O Estado de São Paulo também já chegou a propor a troca de dívidas tributárias por precatórios.

Também em São Paulo, algumas procuradorias locais estão tentando implementar o Decreto nº 43.824/99. Essa norma determina que os órgãos da administração pública direta e indireta do Estado acompanhem as divulgações sobre os pregões da capital e do interior publicadas no Diário Oficial. Trata-se dos leilões de bens que foram dados em garantia em ações de cobrança judicial do ICMS. No caso de haver interesse por algum bem, os órgãos podem solicitar à Procuradoria a adjudicação dela. Trocando em miúdos, a solicitação de posse dos bens com autorização judicial.

Com a aprovação da Procuradoria-Geral do Estado de São Paulo, os bens podem ser transferidos aos órgãos que os solicitaram. Antes, o pedido deve passar pela análise da Procuradoria e depende, ainda, da autorização do juiz que acompanha o processo.

A Fazenda diz que não perde

com isso, já que os bens atendem às necessidades de órgãos do Estado. A avaliação do bem, segundo determina a legislação, precisa ser compatível com o valor de mercado.

Foi dessa forma que em pouco mais de um ano as salas da Procuradoria-Geral do Estado em Santo André, região do Grande ABC, em São Paulo, foram equipadas com ar-condicionado, mesas, cadeiras, armários e computadores. Na mesma região, a seccional da Polícia Civil de São Bernardo do Campo, distribuiu em 2001, por sete delegacias, 28 computadores Pentium 800 integrados em rede.

Segundo reportagem veiculada no jornal *Valor Econômico*, os móveis, computadores e demais itens foram todos aproveitados dentre os bens dados em garantia em ações de execução fiscal. Numa ação de cobrança judicial de débito já inscrito na dívida ativa – a chamada execução fiscal –, a primeira providência do contribuinte, que deve ser tomada antes de apresentar a defesa, é a oferta de garantia. Se, ao final da discussão, a Fazenda sair vencedora, os bens serão levados a leilão.

Abatimento da dívida

No caso da aplicação do Decreto nº 43.824/99, os bens que forem destinados ao setor público contam como se tivessem sido vendidos nos leilões, ou seja, a parcela correspondente às mercadorias solicitadas é abatida do débito tributário. Caso as garantias sejam em bens produzidos ou comercializados pelo próprio contribuinte, a vantagem é maior ainda, já que os procuradores vão pesquisar e utilizar os valores de mercado.

A iniciativa é vista com bons olhos pelos advogados que assessoram as empresas nas discussões tributárias. Difícil é encontrar alguém que já tenha acompanhado um caso desses.

O aproveitamento de bens por órgãos públicos ainda é pequeno. No Estado de São Paulo, foram adjudicados, de fevereiro a julho de 2000, R$ 60 milhões em bens levados aos leilões da dívida ativa. Um número modesto tendo em vista a dívida ativa estimada em R$ 20 bilhões.

Mesmo com a aplicação ainda baixa desse mecanismo por parte da administração pública, cabe ao gestor de uma empresa ficar atento a essa possibilidade. Com a falta de recursos e a necessidade de ser tão competitivo quanto as companhias privadas, o setor público deve apostar cada vez mais em soluções criativas para redução de gastos e otimização de sua estrutura. É bom ficar de olho nesse cenário. Em alguns casos, a medida pode ser bem vantajosa para o contribuinte.

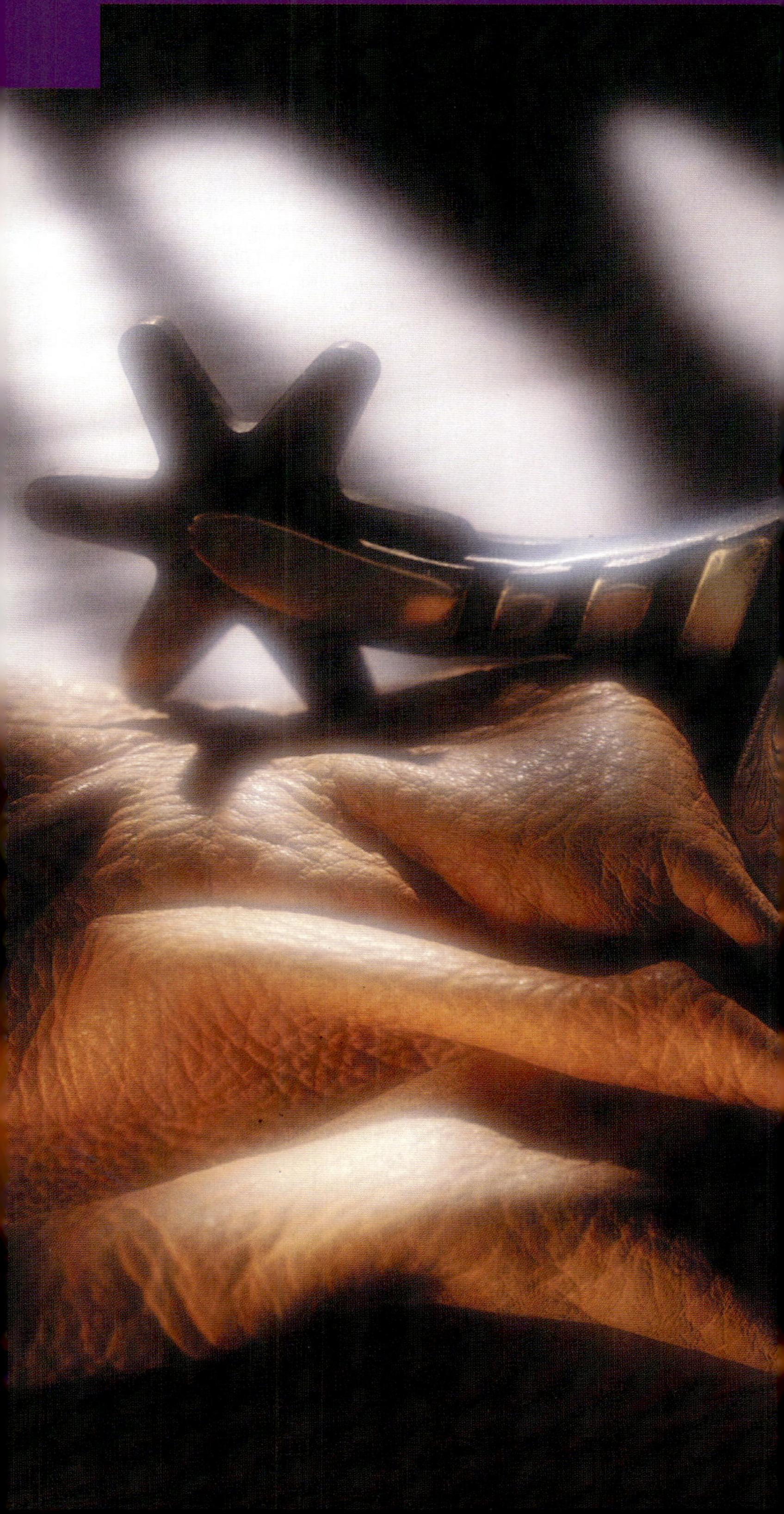

DISPUTAS JUDICIAIS

**SAIBA QUANDO PARTIR PARA
A BRIGA CONTRA O FISCO**

A discussão nos tribunais pode ser o
caminho para diminuir a carga tributária

DISPUTAS JUDICIAIS
SAIBA QUANDO PARTIR PARA A BRIGA CONTRA O FISCO

Vale a pena ir ao Judiciário?

Avalie os riscos de uma discussão judicial sobre a carga tributária que você recolhe

Ir ao Judiciário questionar uma cobrança é uma iniciativa cada vez mais freqüente das empresas. Discutir, reduzir ou derrubar tributos nos tribunais é a forma que o contribuinte tem hoje para resistir a uma exigência considerada ilegal ou inconstitucional. Armadas de argumentos que se opõem às interpretações do Fisco, muitas vezes as empresas obtêm sucesso nas disputas.

A mesma via judicial também pode ser o caminho na hora de tentar reaver tributos que no passado podem ter sido pagos a mais. Nesse caso, a solução é pedir a devolução ou compensação dos impostos e das contribuições com cobranças a vencer. Mas, antes de partir para a Justiça, vários fatores devem ser analisados: desde os custos gastos em uma ação judicial até o tempo que se leva para ter certeza de que a disputa foi ganha. Não é raro que uma discussão sobre impostos tramite no Judiciário por mais de dez anos. Verifique como estão os entendimentos dos tribunais sobre a validade ou não de um tributo. Procure saber se o Supremo Tribunal Federal (STF), última instância do Judiciário brasileiro, já decidiu favoravelmente ou não ao contribuinte em uma questão semelhante à sua.

As principais discussões judiciais envolvendo tributos, apresentadas atualmente no mercado, são analisadas nas próximas páginas deste capítulo.

STF

Corte máxima do sistema judiciário brasileiro. Julga recursos que levantam somente questões constitucionais. Seus onze magistrados, chamados de ministros, também declaram a constitucionalidade ou inconstitucionalidade das leis, via ação declaratória de constitucionalidade (ADC) ou ação direta de inconstitucionalidade (Adin). Só o STF tem o poder de fazer com que uma lei seja julgada como inconstitucional. Isso quer dizer que só o STF decide se uma lei viola a Constituição.

JOGO RÁPIDO

É sempre importante verificar se o julgamento favorável de um tribunal realmente pode servir como precedente para o seu caso específico. Analise cuidadosamente os argumentos, a legislação, o período, o tributo e a decisão judicial que serve como parâmetro, chamada no jargão jurídico de "leading case".

O que são teses tributárias?

É melhor conhecê-las antes de usá-las

Teses tributárias nada mais são do que a construção de uma argumentação jurídica que convença o juiz de que determinada cobrança não tem fundamentação legal. Nem todas as teses convencem todos os magistrados brasileiros. Uma argumentação que convença um juiz de uma vara judicial em uma cidade do interior do Estado de São Paulo, por exemplo, pode não ser acatada pela Turma de ministros do Superior Tribunal Federal (STF), que irá analisar o caso em última instância. E se mais tarde mudar a composição do STF, os novos magistrados podem ter opiniões diferentes das dos antigos, levando à derrubada de interpretações desfavoráveis a uma tese. A obtenção de uma liminar, por sua vez, não é promessa de sucesso, pois ela pode ser cassada. É essa a dinâmica do sistema judiciário brasileiro, em que as decisões judiciais podem ser sempre revistas. É bom lembrar que, pela legislação, as cobranças suspensas por decisão judicial ficam indedutíveis do IR. Cada contribuinte deve fazer um levantamento dos riscos, caso uma contestação quase certa seja modificada em um tribunal superior. Mesmo que os argumentos jurídicos estejam muito bem construídos, nunca há certeza de que eles convencerão os magistrados. A princípio, somente o Poder Judiciário poderá reconhecer ao contribuinte o direito à compensação de tributo pago a mais, a correção monetária plena dos valores ou ainda a suspensão do recolhimento de um imposto indevido. Direitos violados em um prazo de até dez anos podem ser objeto de ação judicial.

> **Liminar**
> Decisão provisória dada pelo juiz antes de analisar o mérito da discussão levantada pelo autor da ação ou de ouvir a parte contrária. Para ser dada, é preciso que o juiz esteja convencido de que se não der a liminar, há um risco de dano irreversível e que o autor tem alguma razão no seu pleito. A concessão da liminar não garante que a decisão definitiva – a sentença – do juiz será também favorável ao contribuinte.

> **JOGO RÁPIDO**
> *O STJ também é uma corte máxima, assim como o STF. Quem não se satisfaz com uma decisão dada por um dos tribunais brasileiros envia seu recurso ao STJ. Seus 33 ministros, divididos em Turmas, dão decisões colegiadas sobre todas as matérias de direito, com exceção da constitucional, que é de exclusividade do STF.*

DISPUTAS JUDICIAIS
SAIBA QUANDO PARTIR PARA A BRIGA CONTRA O FISCO

Quais discussões judiciais servem para todos os tributos?

Existem discussões relativas a multas ou correções de débitos tributários que podem ser aproveitadas para praticamente todo tipo de cobrança

Às vezes, a discussão judicial não está ligada especificamente à cobrança de um tributo. Ela pode ter como alvo uma das chamadas obrigações acessórias, como, por exemplo, o pagamento de uma multa. Essas obrigações podem fazer grande diferença. Para se ter uma idéia, muitas vezes as multas tornam-se mais representativas do que o débito tributário.

Posso me livrar de multa por atraso de pagamento?

Existem precedentes judiciais favoráveis. Aproveite-os

Entenda a disputa: Os tributaristas defendem que a apresentação espontânea do devedor livra o contribuinte da cobrança de multa por mora, cobrada quando há atraso de pagamento. Isso só acontece quando o débito ainda não foi alvo de um procedimento administrativo. A previsão estaria no artigo 138 do CTN.
Decisões: As 1ª e 2ª Turmas do STJ são favoráveis à tese, com exceção da dispensa da multa por obrigação acessória. O tribunal também livra o contribuinte da multa por mora nos casos de pedido de parcelamento. O problema é que a Lei Complementar nº 104, de janeiro de 2001, alterou o CTN e faculta à Fazenda dispensar ou não a multa. Desde que entrou em vigor, dizem os especialistas, a mudança inviabilizou a discussão.

É possível questionar o depósito prévio de 30%?

Veja os argumentos apontados para contestar essa exigência onerosa

Entenda a disputa: Em desrespeito aos preceitos constitucionais do princípio da ampla defesa e do contraditório, a União e alguns Estados e municípios exigem o depósito de 30% do tributo que se deseja questionar administrativamente na hora de recorrer à segunda instância. Na esfera federal há a possibilidade de arrolamento de bens, mas muitos Estados não oferecem essa alternativa.

Decisões: Não há precedentes dos tribunais superiores. Mas é possível que o STF venha a utilizar, analogamente, entendimento já firmado com relação ao depósito prévio exigido como requisito de admissibilidade de recurso administrativo em ações trabalhistas. Nos Tribunais Regionais Federais, há tendência contrária à tese na 4ª e 5ª Regiões, e favorável na 2ª Região, e nas demais Regiões o entendimento é indefinido.

Os Tribunais Regionais Federais (TRF) surgiram na reestruturação do sistema judiciário brasileiro, com a Constituição de 1988. São as cortes que julgam matéria de competência federal. Atualmente são cinco: TRF da 1ª Região, com sede em Brasília; TRF da 2ª Região, localizado no Rio de Janeiro; TRF da 3ª Região, sediado em São Paulo; TRF da 4ª Região, situado em Porto Alegre; e TRF da 5ª Região, com sede em Recife.

A aplicação da Selic para juros de mora pode ser contestada?

Os especialistas acreditam que a taxa não é apropriada

Entenda a disputa: A Taxa Selic é utilizada para o cálculo dos juros moratórios dos tributos federais, e de alguns tributos estaduais e municipais. Mas tal índice reflete a remuneração média dos títulos da dívida pública, o que, segundo os tributaristas, os tornaria incompatíveis com o regime jurídico-tributário.

Decisões: A 2ª Turma do Superior Tribunal de Justiça afastou a aplicação da taxa Selic na correção de débitos tributários, mas a questão ainda está controversa.

DISPUTAS JUDICIAIS
SAIBA QUANDO PARTIR PARA A BRIGA CONTRA O FISCO

Existem tributos com prazo maior para compensação?

Entenda as decisões do STJ sobre as chamadas cobranças por homologação

Decadência
Extinção de um direito que não foi exercido dentro do prazo legal. Na regra geral, o pedido de devolução ou compensação de tributos segue um prazo de decadência de cinco anos, chamado de prazo qüinqüenal.

Tributos lançados por homologação
São aqueles impostos e contribuições que a própria empresa calcula, declara e recolhe. Os valores pagos ficam sujeitos a uma homologação do Fisco que, não se manifestando, torna os cálculos válidos.

Entenda a disputa: Sempre há discussão entre contribuintes e Fisco se houve a decadência no prazo de contestação de recolhimento de tributos. A questão é saber a partir de quando se conta o prazo. O STJ tem sido favorável aos contribuintes nos casos de tributos lançados por homologação. Nesses casos, o prazo para fazer a confirmação é de cinco anos após o recolhimento.

O que os contribuintes defendem: Os tributaristas alegam que a decadência de cinco anos começa a contar a partir da homologação. Como o prazo do Fisco para homologar é de cinco anos e a decadência também é de cinco anos, o resultado, na prática, é um período de dez anos contados a partir do recolhimento. Conclusão: os contribuintes têm prazo de dez anos para solicitar a compensação de tributos que tenham sido pagos a mais. Mas lembre-se: isso só valeria para os impostos e as contribuições lançados por homologação, como ICMS e IPI, por exemplo.

O que o Fisco defende: A decadência deveria ser contada a partir da data de recolhimento. Isso reduziria de dez para cinco anos o prazo para solicitar a compensação de tributos.

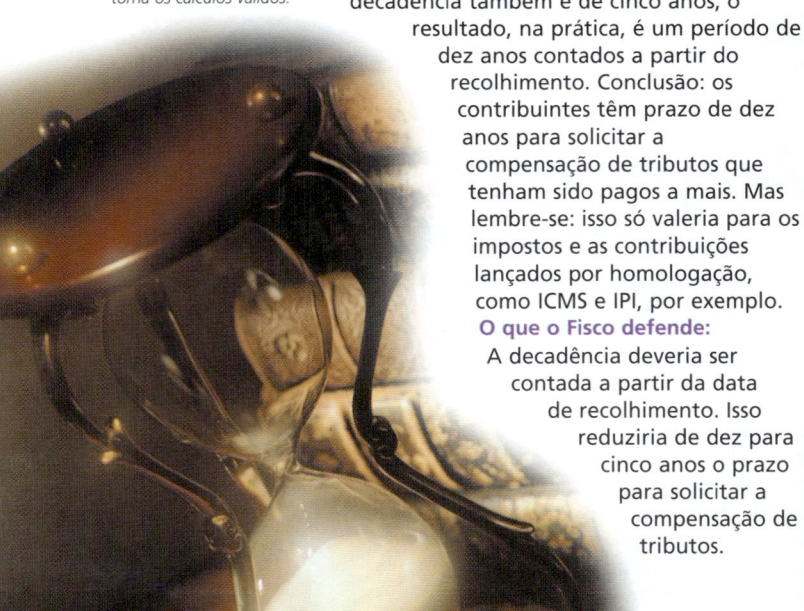

Quais os tributos federais mais contestados?

As discussões judiciais incluem as cobranças sobre o faturamento e os lucros

1) PIS E COFINS

SEMESTRALIDADE DO PIS – CORREÇÃO MONETÁRIA DA BASE DE CÁLCULO

Entenda a disputa: A Lei Complementar nº 07/70 determinava que o recolhimento do PIS fosse realizado com base no faturamento do sexto mês anterior ao da ocorrência do fato gerador. Só que de março de 1988 a setembro de 1995, a Receita Federal exigiu o PIS calculado a 0,75% sobre o faturamento do mês imediatamente anterior. É possível entrar com ações para questionar os fatos que envolvam apenas a diferença entre a Lei Complementar e a medida provisória que acabou com a semestralidade.

O que os contribuintes defendem: Com base no entendimento de que não haveria obrigatoriedade de se corrigir monetariamente a base de cálculo, os contribuintes pleiteiam a compensação dos valores indevidamente recolhidos com débitos de outras contribuições sociais. Isso porque não havia previsão pela Lei Complementar de correção monetária e o tributo a ser recolhido deveria incidir sobre o faturamento do sexto mês anterior.

MAJORAÇÃO DA ALÍQUOTA DA COFINS DE 2% PARA 3%

Entenda a disputa: A Lei nº 9.718/99 alterou de 2% para 3% a alíquota de arrecadação da Cofins, permitindo-se a compensação de um terço desse tributo com a CSLL. Hoje, a Cofins ainda é cobrada em 3% e não existe mais a compensação com a CSLL.

O que os contribuintes defendem: A tese dos contribuintes é que a mudança vai contra o princípio tributário da isonomia, pois institui tratamento mais favorável aos contribuintes que obtiverem maior lucratividade.

É bom lembrar que hoje a legislação em vigor impede a compensação de tributos antes que a ação chegue ao final. Essa norma tem por objetivo acabar com as ações que contestam cobranças feitas no passado e, ao mesmo tempo, pedem a compensação do que teria sido recolhido a mais. Com essa nova previsão legal, aumenta a responsabilidade na hora de decidir ir ou não ao Judiciário para tentar deixar de recolher um tributo que ainda está por vencer.

> **LEGISLAÇÃO BÁSICA**
>
> *A receita cobrava o PIS sobre o faturamento do mês anterior com base nos decretos 2.445/88 e 2449/88.*

DISPUTAS JUDICIAIS
SAIBA QUANDO PARTIR PARA A BRIGA CONTRA O FISCO

AMPLIAÇÃO NA BASE DE CÁLCULO DO PIS E DA COFINS EM 1998

Entenda a disputa: As modificações das Leis nº 9.715/98 e nº 9.718/98 fizeram com que as contribuições incidissem sobre a receita bruta do contribuinte e não apenas sobre o faturamento. Isso aumentou consideravelmente a carga tributária, porque a receita bruta inclui valores que não entram no faturamento, como, por exemplo, as receitas financeiras.

O que os contribuintes defendem: Os tributaristas sustentam que, quando houve a ampliação da base de cálculo, a Constituição ainda previa a cobrança do PIS e da Cofins sobre o faturamento, e não sobre a receita bruta. A Emenda Constitucional nº 20/98, posterior às duas Leis, alterou a base de cálculo da contribuição, passando a prever a exigência sobre as receitas. Os especialistas sustentam que a Emenda não tem poder para validar leis que nasceram inconstitucionais. Há também o entendimento de que a base de cálculo não poderia ser ampliada por lei ordinária.

De acordo com o Código Tributário Nacional (CTN), renda é o produto do capital, do trabalho, ou da combinação de ambos, bem como demais acréscimos patrimoniais. A base de cálculo do imposto é o montante da renda. Se você não compensa os prejuízos e as bases negativas, paga IR e CSLL sobre algo que não é renda. O que acaba sendo tributado é o patrimônio, isso causa distorções na arrecadação.

2) IRPJ E CSSL
COMPENSAÇÃO DOS PREJUÍZOS FISCAIS E BASE NEGATIVA DE CSLL

Entenda a disputa: A Lei nº 8.981/95 limitou a compensação de prejuízos fiscais a 30% do lucro apurado.

O que os contribuintes defendem: Afastar essa disposição legal, porque ela ofende o princípio do direito adquirido, consistindo-se em um empréstimo compulsório.

PROIBIÇÃO DA DEDUÇÃO DA CSLL DA BASE DE CÁLCULO DO IRPJ

Entenda a disputa: A Lei nº 9.316/96 proibiu a prática da dedução do valor da CSLL da base de cálculo do IRPJ e da própria Contribuição.

O que os contribuintes defendem: A lei ofende o conceito constitucional de "lucro", tributando-se uma despesa da empresa. Não há manifestações do STF a respeito do mérito. As duas Turmas do STJ já decidiram contra a tese dos contribuintes, mas, por tratar-se matéria constitucional, o assunto deverá ser submetido à análise do STF. Nos Tribunais Regionais Federais, a tese é acolhida em algumas manifestações da 3ª e 5ª Regiões. Nas demais Regiões, é forte o entendimento contrário a ela.
No entanto, temos notícia de decisão favorável do Pleno do TRF da 5ª Região, assegurando a compensação integral dos prejuízos fiscais gerados até 1995, entendimento compartilhado pela 3ª e 4ª Turmas do TRF3.

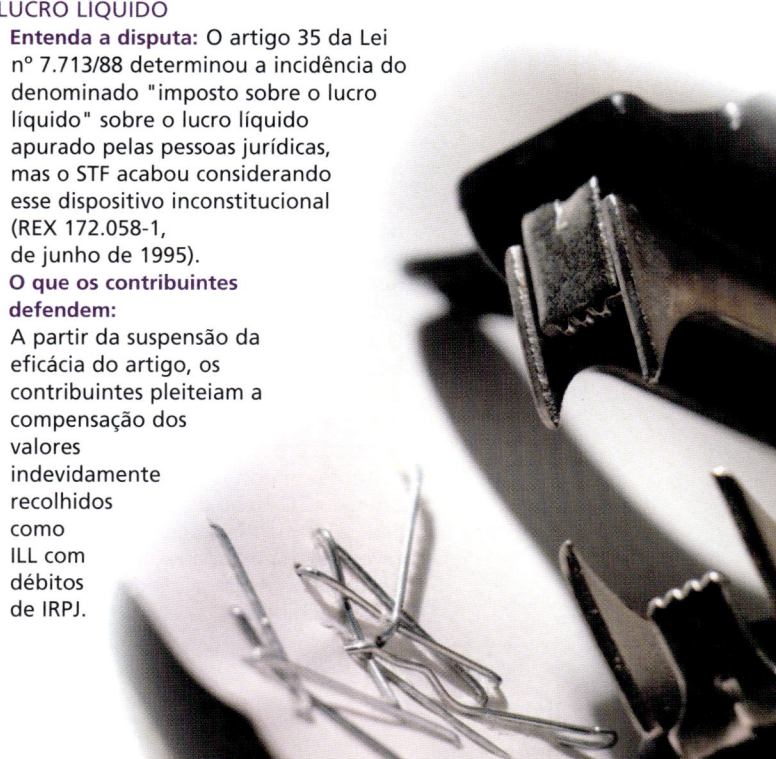

COMPENSAÇÃO DO IMPOSTO SOBRE O LUCRO LÍQUIDO

Entenda a disputa: O artigo 35 da Lei nº 7.713/88 determinou a incidência do denominado "imposto sobre o lucro líquido" sobre o lucro líquido apurado pelas pessoas jurídicas, mas o STF acabou considerando esse dispositivo inconstitucional (REX 172.058-1, de junho de 1995).

O que os contribuintes defendem:
A partir da suspensão da eficácia do artigo, os contribuintes pleiteiam a compensação dos valores indevidamente recolhidos como ILL com débitos de IRPJ.

DISPUTAS JUDICIAIS
SAIBA QUANDO PARTIR PARA A BRIGA CONTRA O FISCO

3) IPI

CRÉDITO DE INSUMOS ADQUIRIDOS ANTES DE 1º DE JANEIRO DE 1999 EMPREGADOS NA INDUSTRIALIZAÇÃO DE PRODUTOS TRIBUTADOS À ALÍQUOTA ZERO, IMUNES OU ISENTOS

Entenda a disputa: Com base no princípio da não-cumulatividade, pretende-se a manutenção dos créditos dos produtos adquiridos pelo estabelecimento industrial antes de 1º de janeiro de 1999 e utilizados na industrialização de produtos tributados à alíquota zero, imunes ou isentos.

O que os contribuintes defendem: Nessa data, a Lei nº 9.779/99 reconheceu, expressamente, o direito ao crédito. Há manifestações favoráveis no Tribunal Regional Federal da 3ª Região (São Paulo) e no Tribunal Regional Federal da 4ª Região (Rio Grande do Sul).

CRÉDITO PRESUMIDO DE INSUMOS ADQUIRIDOS À ALÍQUOTA ZERO, ISENTOS, NÃO-TRIBUTADOS

Entenda a disputa: Com base no princípio da não-cumulatividade, pretende-se apropriar-se de crédito presumido de produtos adquiridos sob o regime de isenção ou alíquota zero, que, na hipótese contrária, seriam convertidos em mero diferimento. Nos termos da CF/88, qualquer entrada de mercadorias no estabelecimento onerada pelo IPI gera direito ao crédito desse imposto. O Fisco, entretanto, interpreta o princípio da não-cumulatividade de forma restritiva, só admitindo o crédito nas entradas de matéria-prima, material de embalagem e produtos intermediários.

O que os contribuintes defendem: Com base na regra constitucional, contudo, as empresas vêm pleiteando judicialmente o direito ao crédito na aquisição dos referidos produtos sem quaisquer restrições impostas pelo legislador ordinário. O Pleno do Supremo Tribunal Federal já manifestou entendimento favorável. Há manifestações favoráveis no Tribunais Regionais Federais da 3ª e 4ª Regiões.

4) OUTRAS CONTRIBUIÇÕES
ADICIONAIS DO FGTS PARA COBRIR EXPURGOS DO PLANO VERÃO E COLLOR I

Entenda a disputa: Um acordo entre governo federal, trabalhadores e empresas previu as bases para arrecadar recursos necessários para que os saldos das contas do Fundo de Garantia do Tempo de Serviço (FGTS) dos trabalhadores fossem corrigidos de forma a incorporar a inflação na edição dos Planos Verão e Collor I. Fez parte desse acordo a criação de duas novas "contribuições sociais" pela Lei Complementar nº 110/2001. Na prática, a multa por demissão sem justa causa aumentou de 40% para 50% e a contribuição para o FGTS, devida pelo empregador ao trabalhador, foi elevada de 8% para 8,5%. A negociação e o acordo surgiram depois de um dos mais bombásticos julgamentos do STF, que determinou a correção das contas de todos os trabalhadores, derrubando os expurgos determinados pelos dois planos econômicos.

O que os contribuintes defendem: As contribuições sociais devem ter sua arrecadação destinada especificamente para custear a Seguridade Social. Seu recolhimento, portanto, não poderia ser destinado à correção dos saldos das contas de FGTS.

Como está a discussão: Existem liminares de primeira instância. O Judiciário ainda está dividido. Como a contribuição é exigida desde outubro de 2001, muitas liminares foram criadas apenas para adiar o início da cobrança para janeiro de 2002. As empresas argumentam que deve ser respeitada a anterioridade anual. Nesse caso, a cobrança instituída por uma lei de 2001 só poderia ser aplicada, na prática, a partir de janeiro do ano seguinte. O Fisco defende que a anterioridade, nesse caso, é nonagesimal.

Decisões do Supremo Tribunal Federal e do Superior Tribunal de Justiça garantiram, em 2000, o direito dos trabalhadores de receberem 68,9% de correção do saldo das contas do FGTS. O percentual refere-se às perdas causadas em janeiro de 1989, por causa do Plano Verão, e em abril de 1990, com o Plano Collor I. Na época, os dois planos econômicos determinaram o expurgo inflacionário na correção das contas. A situação pode trazer também um impacto indireto para as empresas. Trabalhadores demitidos sem justa causa podem pleitear a inclusão das correções do Plano Verão e Collor I no cálculo dos 40% de multa devida sobre o saldo do FGTS. Nesse caso, as ações judiciais seriam movidas contra o empregador, que é o responsável pelo pagamento da multa.

Anterioridade nonagesimal significa que a cobrança só pode ser feita 90 dias após a previsão legal. É bom lembrar que a lei vincula a correção dos saldos do FGTS à efetiva arrecadação com as "novas contribuições".

DISPUTAS JUDICIAIS
SAIBA QUANDO PARTIR PARA A BRIGA CONTRA O FISCO

CONTRIBUIÇÃO AO SEBRAE PARA EMPRESA NÃO BENEFICIÁRIA

Entenda a disputa: As contribuições de interesse de categorias profissionais apenas poderão onerar a quem se beneficiar diretamente do emprego dos recursos arrecadados. Com base nisso, pretende-se afastar a incidência da contribuição ao Sebrae pelas empresas de grande porte, não beneficiárias dessa instituição.

Decisões: Não há manifestações nos tribunais superiores. Nos Tribunais Regionais Federais, há tendência favorável nas 1ª e 3ª Regiões, e tendência contrária na 4ª Região. Nas 2ª e 5ª Regiões, o entendimento ainda está indefinido.

TAXA AMBIENTAL DO IBAMA

Entenda a disputa: Com a edição da Lei Federal nº 10.165/00, o Ibama tenta, pela quinta vez, instituir taxa de fiscalização ambiental. Em suma, entende-se que a base de cálculo da taxa não quantifica o valor do serviço prestado, configurando base de cálculo de imposto, o que é vedado pela Constituição. Além disso, alega-se que o serviço prestado não é de competência do Instituto Brasileiro do Meio Ambiente e dos Recursos Naturais Renováveis (Ibama), o que torna ilegítima a cobrança de taxa.

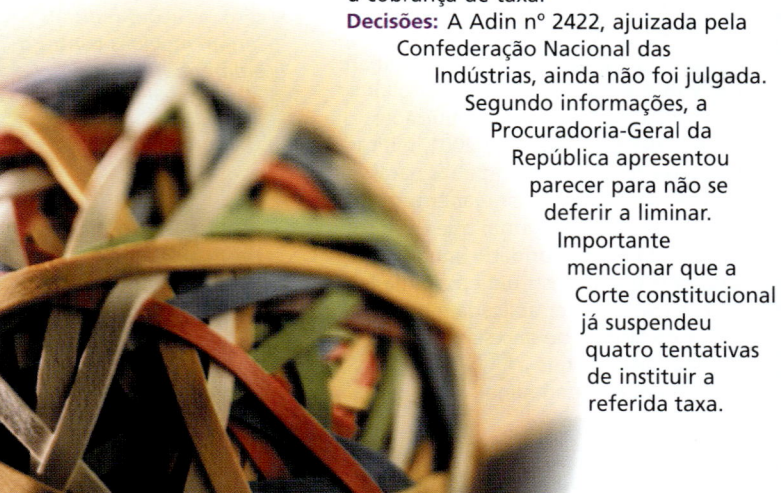

Decisões: A Adin nº 2422, ajuizada pela Confederação Nacional das Indústrias, ainda não foi julgada. Segundo informações, a Procuradoria-Geral da República apresentou parecer para não se deferir a liminar. Importante mencionar que a Corte constitucional já suspendeu quatro tentativas de instituir a referida taxa.

CONTRIBUIÇÃO AO SESC/SENAC DAS PRESTADORAS DE SERVIÇO

Entenda a disputa: As contribuições de interesse de categorias profissionais apenas poderão onerar a quem se beneficiar diretamente do emprego dos recursos arrecadados. Com base nisso, pretende-se afastar a incidência da contribuição ao Sesc/Senac das empresas prestadoras de serviço.

Decisões: Não há manifestações no Supremo Tribunal Federal. Por outro lado, a 2ª Turma do Superior Tribunal de Justiça já decidiu favoravelmente aos contribuintes. Finalmente, nos Tribunais Regionais Federais, há tendência favorável nas 2ª, 4ª e 5ª Regiões, e nas 1ª e 3ª Regiões o entendimento ainda está indefinido.

Existem contestações contra impostos estaduais?

Representativo na carga tributária, o ICMS é alvo de várias discussões

1) ICMS

MAJORAÇÃO DA ALÍQUOTA DE 17% PARA 18%

Entenda a disputa: O Estado de São Paulo havia majorado a alíquota em 1%, para destinação específica a programas de habitação. É possível requerer parte dos créditos, desde que se comprove que não houve transferência do encargo financeiro, conforme previsto no artigo 166 do Código Tributário Nacional (CTN).

O que os contribuintes defendem: Pela Constituição, é proibida a vinculação de receita pública proveniente da cobrança de impostos. O Pleno do STF já decidiu pela inconstitucionalidade da majoração da alíquota no Estado em caso específico.

DISPUTAS JUDICIAIS
SAIBA QUANDO PARTIR PARA A BRIGA CONTRA O FISCO

IMPORTAÇÃO POR PESSOA FÍSICA

Entenda a disputa: Os Estados pretendem tributar as operações realizadas por pessoa física ou por estabelecimento prestador de serviço. Ou seja, se uma pessoa importa um carro para uso próprio, ou um hospital importa um novo aparelho de raios X, o imposto deveria ser recolhido.

O que os contribuintes defendem: A Constituição Federal determina que o ICMS é um tributo cuja incidência se dá apenas em operações mercantis, o que afasta a possibilidade de tributar as importações feitas por pessoas físicas e prestadores de serviço que são os usuários finais das mercadorias. Há decisão de pleno do STF favorável a essa tese.

> *Operações mercantis* como hipótese de incidência de ICMS são os atos praticados entre as partes em um negócio em que há circulação de mercadorias, ou seja, a transferência da posse de um bem, fica patente.

NÃO-INCIDÊNCIA NA TRANSFERÊNCIA ENTRE FILIAIS

Entenda a disputa: O Conselho Fazendário baixou norma, em meados dos anos 90, possibilitando a cobrança do tributo em operações entre filiais. Foi um claro reflexo da guerra tributária que estava se instalando no país desde o Plano Real e o aumento do consumo da população brasileira, bem como da expansão das grandes redes de distribuição de mercadorias com sede no centro-sul do país.

O que os contribuintes defendem: A transferência de mercadorias é somente uma circulação física, mas não econômica. O STJ já afastou a incidência do ICMS nas operações entre filiais, mas não há ainda posicionamento do STF.

Quais são as principais questões sobre tributos municipais?

As melhores disputas que apresentam melhores chances de contestação envolvem a prestação de serviços

1) ISS

INCIDÊNCIA SOBRE LOCAÇÃO DE BENS MÓVEIS

Entenda a disputa: A Lista de Serviços anexa ao Decreto-Lei nº 406/68 inclui, entre os serviços tributáveis por meio do Imposto sobre Serviços, a locação de bens móveis.

O que os contribuintes defendem: Sustenta-se que tal operação não configura efetiva prestação de serviços sujeita à incidência do tributo. Por maioria, o Plenário do STF declarou a inconstitucionalidade da incidência do ISS sobre a locação de bens móveis.

LOCAL DA PRESTAÇÃO DE SERVIÇOS

Entenda a disputa: Discussão sobre em que município o ISS é devido: o local da prestação dos serviços ou o lugar em que está a sede da empresa. Devido à guerra fiscal, muitos municípios baixaram a alíquota do tributo para atrair prestadoras de serviço. Daí algumas instituições financeiras, empresas de limpeza, segurança e *leasing*, por exemplo, terem suas sedes em cidades da região metropolitana das capitais, como Barueri e Mairiporã, em São Paulo. Mesmo prestando a maior parte dos seus serviços na capital paulista, onde a alíquota é maior.

O que os contribuintes defendem: Que o ISS seja devido no município onde se encontra a sede da empresa. No entanto, a Primeira Seção do STJ definiu que o ISS deve ser recolhido ao município em que foi efetivamente prestado o serviço.

> **JOGO RÁPIDO**
>
> *A alíquota máxima do ISS é de 5%, contudo, cada município pode defini-la por lei, desde que respeitado esse teto.*

DISPUTAS JUDICIAIS

Analise os riscos antes de entrar na Justiça

Não acredite em milagres. Se alguém bater à sua porta oferecendo uma fórmula pela qual você se livra de todos os impostos, duvide. As teses tributárias não são infalíveis até o reconhecimento pelo Supremo Tribunal Federal ou uma decisão de pleno do Superior Tribunal de Justiça.

Uma análise dos riscos deve ser feita para adentrar em uma batalha judicial. Realize também uma pesquisa de mercado sobre os trabalhos desenvolvidos pela consultoria tributária ou pelo advogado que lhe oferece serviços. E só entre em uma disputa para contestar um tributo após fazer um planejamento tributário detalhado, levando em conta as condições econômicas da sua empresa e do mercado.

Taxa do Ibama: decisão nos tribunais

A contestação sobre a Taxa de Controle e Fiscalização Ambiental (TCFA), mais conhecida com Taxa do Ibama, é um bom exemplo sobre os riscos de uma ação judicial. Cerca de 40 mandados de segurança foram ajuizados contra a cobrança da TCFA, instituída pela Lei nº 10.165 de 2000. Essa foi a quinta tentativa do Instituto Brasileiro do Meio Ambiente e dos Recursos Naturais Renováveis (Ibama) de cobrar o tributo que incide de acordo com o tamanho da empresa e o número de estabelecimentos dela no país. A Companhia Vale do Rio Doce, por exemplo, teria que pagar R$ 1 milhão por ano.

Segundo a Procuradoria do Ibama, 20 pedidos de liminar sobre a cobrança da taxa foram negados em primeira instância, e que boa parte das liminares concedidas foram revertidas nos tribunais.

Para o Ibama, a cobrança da taxa é batalha já ganha. O instituto canta vitória diante da decisão do ministro Celso de Mello, do Supremo Tribunal Federal (STF), que não aceitou as ações diretas de inconstitucionalidade das Confederações Nacionais da Indústria e do Comércio (CNI e CNC). As entidades entraram com recurso contra a decisão. Mas a questão só será solucionada pelo pleno do STF. O ministro Celso de Mello contestou a estratégia da CNI em apontar a inconstitucionalidade de alguns pontos da lei. Para ele, se fosse declarada a inconstitucionalidade parcial, a lei se tornaria inócua. Além das ações no STF, os tribunais estão começando a se posicionar em relação às liminares concedidas nos Estados. São decisões em agravo de instrumento (na prática, um instrumento jurídico usado para cassar liminares de primeira instância em que apenas o relator do processo se manifesta).

Esses agravos ainda podem ser modificados pelas Turmas dos Tribunais Regionais Federais (TRFs). Especialistas acreditam que esse é um dos principais motivos pelos quais a batalha ainda não está ganha para o Ibama.

O TRF da 4ª Região (Porto Alegre) tem sido favorável à cobrança da TCFA. Nesse tribunal, há apenas uma decisão favorável ao contribuinte, mantendo a liminar concedida a um posto de gasolina. O TRF da 3ª Região (São Paulo) também tem se posicionado favorável à cobrança da taxa. Segundo a procuradoria do Ibama, liminares concedidas no Ceará foram cassadas pelo TRF da 5ª Região (Recife). Só não houve êxito do Ibama no TRF da 1ª Região (Brasília). Por essas e outras é que uma ação judicial para contestar a taxa é considerada como de êxito regular. Não há garantia de sucesso real para o contribuinte.

Tabela de êxitos

O grau de êxito exposto na tabela a seguir não é um indicador absoluto sobre as suas chances em uma disputa judicial. Lembre-se de que a sua ação judicial será decidida por um juiz singular, reanalisada por uma turma de juízes no tribunal e, por fim, talvez chegue aos tribunais de Brasília. Nessa jornada, que talvez leve anos, muitos argumentos podem ser derrubados e paradigmas modificados.

TESE	PROVÁVEL	REGULAR	REMOTO
Semestralidade PIS	X		
Alterações na Base de Cálculo		X	
Majoração da alíquota de Cofins para 3%			X
Cofins sobre receita relativa à locação de bens	X		
CLS e IRPJ – Compensação de prejuízos fiscais		X	
Dedução da CSLL da Base de Cálculo do IR		X	
Compensação do Imposto sobre o Lucro Líquido (ILL)	X		
Majoração da alíquota de ICMS de 17% para 18%	X		
ICMS sobre importação realizada por pessoa física	X		
Não-incidência de ICMS na transferência entre filiais		X	
Incidência de ISS sobre locação de bens móveis	X		
ISS – Local da Prestação de serviços		X	
IPI – Crédito de Insumos adquiridos para industrialização de produtos tributados à alíquota zero, imunes ou isentos		X	
IPI – Crédito presumido de insumos adquiridos à alíquota zero, isentos, não tributados	X		
Taxa ambiental do Ibama		X	
Contribuição ao Sesc/Senac		X	
INSS – Inconstitucionalidade da retenção de 11% do valor da fatura			X
Deposito Prévio 30% – Inconstitucionalidade		X	
Denúncia espontânea – Multa de Mora	X		
Aplicação da Taxa Selic		X	
Prazo Decadencial para pleitear a compensação de tributos sujeitos ao lançamento por homologação	X		
Adicionais do FGTS para financiar expurgo dos Planos Verão e Collor nos depósitos dos contribuintes		X	X

Fonte: tributaristas, com base nas normas em vigor e nas decisões judiciais e administrativas até janeiro de 2002

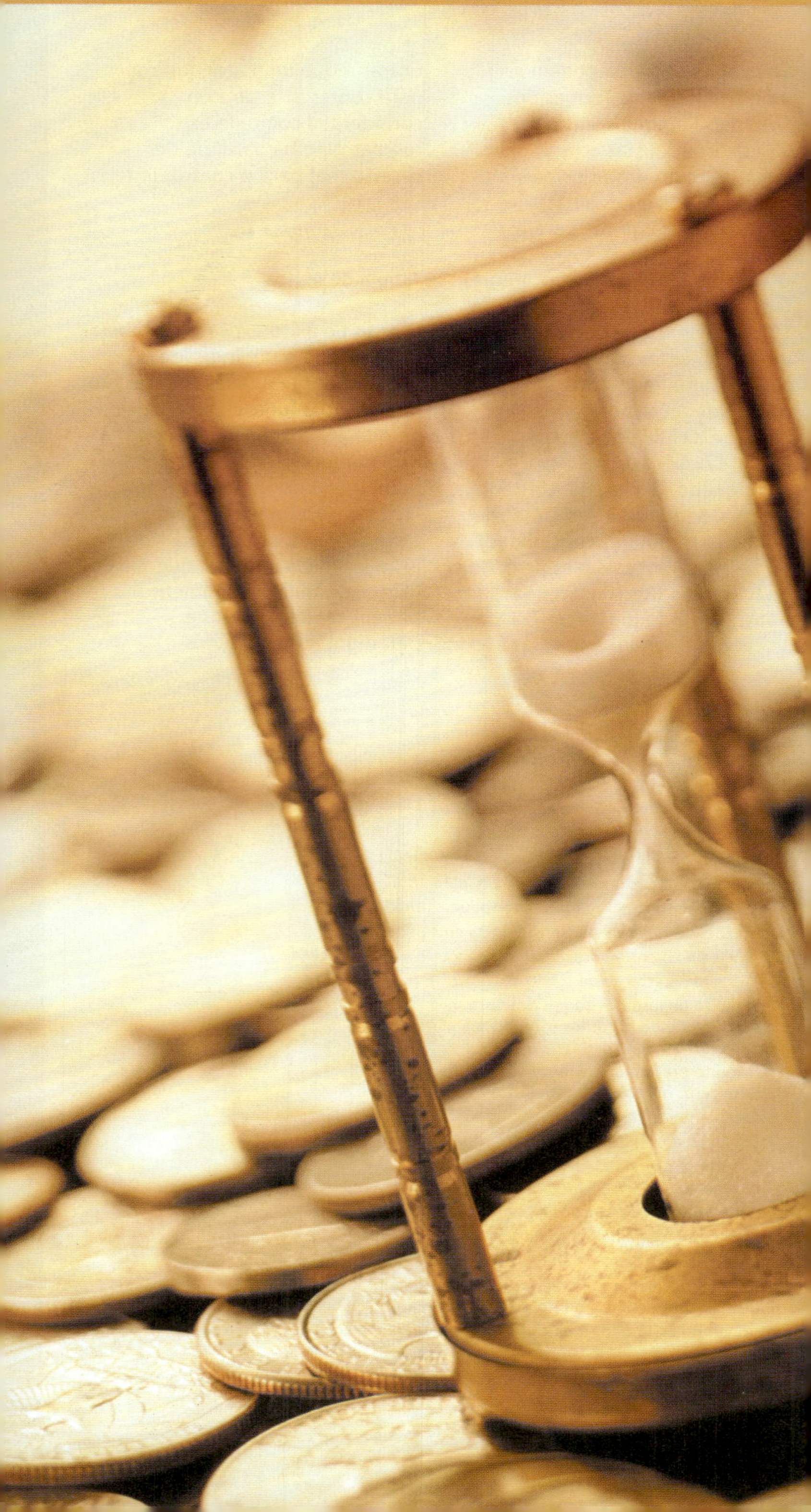

HISTÓRIA DA TRIBUTAÇÃO NO BRASIL

DO QUINTO SOBRE O PAU-BRASIL ATÉ O ATUAL SISTEMA TRIBUTÁRIO

O desafio de fazer o contribuinte pagar impostos com a certeza de que os recursos arrecadados retornarão em seu benefício

HISTÓRIA DA TRIBUTAÇÃO NO BRASIL

Do quinto sobre o pau-brasil até o atual sistema tributário

Resistência à cobrança

Pagos voluntariamente ou à força, bem-aplicados ou não, arrecadados em moeda ou em espécie, devidos à Igreja, ao rei ou ao governo, os tributos existem desde que surgiu ao menos o embrião do Estado. Desde que se iniciou a divisão entre governantes e governados, nasceu a necessidade de manter uma série de instituições: uma administração, uma força militar, um serviço de defesa e proteção ou obras públicas. A tributação permite que esses aparelhos sejam criados e sustentados com parte da riqueza ou dos recursos gerados pela população.

De acordo com a legislação brasileira atual, o termo "tributo" engloba todas as obrigações pecuniárias cobradas pelo Estado, com exceção das punições por atos ilícitos. A palavra tem sua origem no latim, deriva do verbo *tributo, -ere*, que significa "dar, conceder, fazer elogios, presentear". Na Roma Antiga, o termo referia-se, inicialmente, às exigências em bens ou serviços que os vencedores faziam aos vencidos. Das civilizações antigas aos dias de hoje, passando pelo mundo feudal e pelos Estados Nacionais, a cobrança de tributos foi legitimada de diferentes formas. Por muito tempo, a arrecadação foi justificada pelo caráter divino do governante ou pela proteção que o soberano dava aos súditos em caso de conflitos com outros povos.

Em boa parte do mundo contemporâneo é considerada razoável a idéia de que a vida em sociedade requer o recolhimento de tributos essenciais para manter a organização estatal e o Poder Público consiga planejar, garantir a vida em comunidade e fazer jus aos seus deveres, conforme a legislação de cada país.

Aplicar uma idéia tão razoável costuma esbarrar numa equação em que a arrecadação exigida pelos governantes e a contrapartida desejada pelos governados parecem variáveis absolutamente incompatíveis. No Brasil, esse é um desafio que vem desde os tempos em que a Coroa portuguesa determinava a política fiscal aplicada a cada colono. Fato que ajudou a provocar questionamentos e conflitos que permearam toda a história brasileira.

Justificável ou não, a resistência à cobrança de impostos, taxas e contribuições, hoje refletida em boa parte nas discussões levadas ao Judiciário e aos tribunais administrativos, se manifesta desde os tempos de colônia por meio de rebeliões, da sonegação ou da simples inadimplência. Também não é de hoje a crítica contra a elaboração de medidas urgentes para determinar o aumento ou a criação de tributos necessários para equilibrar receitas e despesas. Ou, mais precisamente, para amenizar o fato de as despesas quase sempre superarem as receitas.

O quinto sobre o pau-brasil

A tributação foi inaugurada no Brasil junto com a primeira forma de exploração econômica no país, logo após a chegada dos portugueses à então Terra de Santa Cruz. Em troca do direito de retirar e comercializar o pau-brasil, o interessado deveria pagar a quinta parte do produto da venda da mercadoria – o quinto –, além de erguer as primeiras fortificações ao longo da costa brasileira e iniciar a colonização.

A tributação era uma das formas de aplicar a lógica do sistema colonial: retirar riquezas do espaço explorado. O tributo era pago quase sempre em espécie e devido ao rei de Portugal, considerado o proprietário do reino, diferentemente do sistema atual no qual os impostos são pagos ao Estado.

Ainda no século XVI, a produção de açúcar não-refinado foi a atividade cuidadosamente escolhida para dar início à colonização, pois, ao mesmo tempo, geraria renda para a Coroa lusitana e propiciaria lucros aos portugueses que viessem para o Brasil investir em tal atividade. Com a instituição das capitanias hereditárias, em 1534, a Coroa colocou nas mãos de particulares o ônus financeiro da colonização. Com a obrigação de ocupar o solo, fundar povoados e com poderes para legislar, executar e julgar, o donatário da capitania era também uma espécie de agente fiscal que deveria dar conta da arrecadação de tributos ao rei de Portugal. Além da tributação sobre o pau-brasil, surgiram novas cobranças, como os 10% exigidos sobre as mercadorias importadas e exportadas, o quinto dos metais e pedras preciosas e a décima parte do produto da pesca e das colheitas, entre outros. A arrecadação e fiscalização dos tributos ficavam por conta de servidores especiais da Coroa, que eram os rendeiros e seus auxiliares.

Como os donatários receberiam parte da arrecadação tributária, o rei de Portugal acreditava que eles teriam interesse em fazer com que os rendeiros e seus auxiliares agissem. Segundo os historiadores, porém, muitas vezes os funcionários do Fisco "mancomunavam-se" com os donatários para enriquecer e voltar ao reino ou cumpriam tão mal a tarefa que a receita arrecadada era quase sempre inferior à sua remuneração.

Pouca arrecadação

A preocupação com a ineficiência da arrecadação foi motivo de destaque na decisão de centralizar a administração na colônia, com a criação do Governo-Geral. Funcionários da Coroa portuguesa responsáveis pela fiscalização passaram a ter poderes quase que ilimitados, arrecadando impostos e julgando discussões tributárias.

Nessa época começou a ter destaque a figura dos arrematadores, pessoas que coletavam tributos pela "arrematação" ou "contratação". Nesse sistema, a Coroa passava

HISTÓRIA DA TRIBUTAÇÃO NO BRASIL

para o arrematador todos os riscos da cobrança. O governo português determinava a quantia a ser recolhida em determinado período e cabia ao arrematador conseguir o valor estipulado. Ele não podia perder tempo em recuperar os valores investidos com a arrematação, já que assumia uma dívida com a Fazenda Real. Suas chances de lucro com o negócio cresciam com uma cobrança mais severa. O conflito natural entre os coletores de impostos e os colonos brasileiros começou a dar origem a uma divergência de interesses entre os colonos e a Coroa de Portugal. Quando, no século XIX, passou a tornar-se mais freqüente o uso da moeda metálica no Brasil, a situação dos colonos piorou. Com as constantes desvalorizações de moeda promovidas pelo governo lusitano, sempre era preciso mais ouro ou prata para a manutenção do mesmo valor.

A inexistência de um orçamento das contas públicas permitia que a Coroa portuguesa recorresse ao aumento de arrecadação sempre que as necessidades se apresentavam. No livro *A história dos tributos no Brasil*, Fernando José Amed e Plínio José Labriola de Campos Negreiro relatam que não havia muita preocupação em cobrar tributos de acordo com a capacidade de contribuir. Segundo eles, contribuições extraordinárias, criadas para uma despesa específica, como o casamento de uma princesa, incluindo-se a despesa do dote e a festa de casamento, eram cobradas inicialmente por tempo determinado, até que todos os gastos fossem ressarcidos. Assim, as cobranças se eternizavam e a população passava a cumprir a exigência de forma automática, sem relacionar o pagamento ao destino. Amed e Negreiro contam que havia casos em que os membros da família real já haviam falecido e os tributos relativos às suas núpcias continuavam sendo cobrados.

A descoberta das minas

Com a crise açucareira, no final do século XVII, a tarefa dos bandeirantes paulistas na procura de metais e pedras preciosas ganhou mais importância. No século seguinte, ao mesmo tempo em que se descobria ouro em Minas Gerais, Portugal tornava-se nação dependente dos ingleses. A sobrevivência econômica da Coroa portuguesa dependia muito dos impostos cobrados na região mineradora do Brasil. As atenções do governo lusitano já tinham se voltado para as terras brasileiras desde a segunda metade do século XVII, quando a Restauração Portuguesa garantiu a Portugal autonomia política em relação à Coroa espanhola.

A falta de receitas e a perda de parte significativa do império colonial na África e na Ásia fizeram com que as terras brasileiras se tornassem relevante fonte de renda para o governo português.

No século XVIII, em constante déficit na balança comercial com a Inglaterra, Portugal fazia grandes remessas de ouro e prata para os ingleses. Boa parte dessa riqueza vinha das minas brasileiras. O apogeu da exploração de metais nas Minas Gerais aconteceu na primeira metade do século. Entre 1735 e 1739, foram escavadas mais de dez toneladas de ouro na região. Toda vez que a arrecadação de impostos caía, novas mudanças tributárias eram baixadas. Mesmo com a decadência da produção de metais preciosos, a partir de 1750, os impostos chegaram a ser cobrados em cota fixa por pessoa, sem levar em consideração a produção de cada um. Era comum a inadimplência. Daí surgiu a Derrama, cobrança dos tributos atrasados. Não foi por acaso que os primeiros movimentos visando a libertação colonial eclodiram em Minas Gerais, entre as elites sobre as quais pesavam as cobranças da Coroa portuguesa.

Algumas exigências, como a retenção do quinto (um quinto do ouro encontrado) nas casas de fundição, eram particularmente penosas aos exploradores do metal. Nem sempre as casas de fundição encontravam-se próximas ao local da lavra. Às vezes, a distância chegava a consumir um mês de viagem custosa pelas estradas precárias do século XVIII, além da ameaça de ladrões pelos chamados "caminhos do ouro".

A sonegação era comum. Há quem diga que metade do ouro extraído no Brasil não foi tributada.

Família real no Brasil

Com a invasão de Portugal pelas tropas napoleônicas, o Brasil, já considerado principal colônia de Portugal, tornou-se, em 1808, o local de refúgio da família real e da corte portuguesa. Numa situação curiosa, a sede da Coroa lusitana passava a ser em uma de suas colônias. Como a elevação de arrecadação foi necessária para cobrir os custos da instalação da família real no Brasil, novos impostos e taxas foram aplicados.

Surge a primeira modalidade de imposto predial, cobrada em 10% sobre o valor locativo dos imóveis. Em 1809 foi criada também a tributação de 10% sobre heranças e legados, e transferência de escravos. Começam, ainda, a ser cobrados os primeiros impostos sobre o consumo. No caso, gado e aguardente.

A carta régia que abria os portos brasileiros também estipulava que toda mercadoria importada estaria sujeita à cobrança de direitos alfandegários de 24%, sem distinção da origem dos produtos, nacionais ou estrangeiros. Uma medida que não foi impensada. Antes de a família real vir para o Brasil, as rendas das alfândegas portuguesas eram as principais fontes de renda da Coroa. Afinal, era por meio dos portos lusitanos que a produção das colônias portuguesas integrava-se ao comércio mundial. Várias manifestações de resistência à política fiscal também aconteceram nesse período, como a Revolução Pernambucana de 1817.

Mesmo com a separação formal entre Brasil e Portugal, com a Proclamação da Independência em 1822, o país manteve a

HISTÓRIA DA TRIBUTAÇÃO NO BRASIL

mesma estrutura tributária existente até então. A redação da Constituição de 1824 ficou a cargo de um conselho formado por membros indicados pelo imperador D. Pedro I.

Os orçamentos continuavam não permitindo uma avaliação das receitas ou das despesas.

A diferença é que com o rompimento com Portugal, a receita arrecadada com impostos não mais sairia do Brasil. Contudo, a forma e a estrutura de cobrança sofreram poucas transformações.

Com a abdicação de D. Pedro I e o início do período regencial, merecem destaque algumas rebeliões que tiveram entre seus mais fortes propulsores a questão fiscal. Um dos protestos durante a Guerra dos Farrapos era a tributação sobre o charque, couro e muares. Para os produtores gaúchos, os altos impostos impediam a concorrência com mercadorias vindas do Uruguai, Paraguai e Argentina. Começava a ficar mais forte o problema da bitributação, já que os mesmos produtos eram tributados em províncias diferentes.

Foi no período regencial que se deu, porém, o que é considerado um importante passo na estruturação do sistema tributário brasileiro. Com o Ato Adicional de 1834, pela primeira vez se discriminavam as receitas de tributos atribuídas ao poder central e às províncias. Era o embrião da divisão atual de competências entre União, Estados e municípios.

Durante o Segundo Reinaldo, sob o comando de D. Pedro II, o fim do tráfico negreiro provocou o deslocamento do capital investido no comércio de escravos para outras atividades econômicas.

Como os espaços urbanos se modernizaram, o país passou a receber grande número de estrangeiros para abastecer a necessidade de mão-de-obra na economia cafeeira, então em expansão. O setor econômico mais forte no período passou a ser o dos cafeicultores do Oeste paulista, com base no trabalho assalariado.

A República

Após a abolição da escravidão e o fim da monarquia, foi promulgada, com a República, a segunda Constituição brasileira, que estabeleceu o federalismo a e a independência dos três poderes. Também previa a discriminação de rendas tributárias entre União e Estados. Mal definidos, porém, alguns impostos eram alvo de cobrança tanto pela União quanto pelos Estados. A Carta de 1891 não detalhou as receitas que seriam atribuídas aos municípios. Naquela época, ainda eram os Estados que definiam quais receitas cabiam às administrações municipais. Uma das preocupações na elaboração da Constituição foi eliminar tributos anteriores que não se justificavam mais.

O Imposto de Renda que conhecemos hoje, cobrado sobre os rendimentos do contribuinte, foi estabelecido no Brasil em 1922 e revisto em 1923.

A arrecadação do tributo iniciou-se dois anos depois. Os rendimentos eram classificados em "comércio e indústria", "capitais e valores mobiliários", "salários públicos e particulares e qualquer espécie de remuneração" e "exercício de profissões não comerciais". As alíquotas progressivas iam de 0,5% a 8% e existia uma faixa de isenção.

Na redação da segunda Constituição Federal da República, o Imposto de Renda foi previsto expressamente como fonte de receitas da União. O texto da nova Carta estabeleceu as receitas destinadas aos municípios e delimitou de forma mais clara as atribuições tributárias das três esferas de governo. A Constituição de 1934 ainda teve o mérito de conceituar e proibir a bitributação, fazendo prevalecer a cobrança da União. Três anos depois, já durante o Estado Novo de Getúlio Vargas, uma nova Constituição garantiu plenos poderes ao presidente da República e instituiu um Estado fortemente centralizador, reduzindo o peso político dos Estados.

A quarta Constituição da República foi promulgada em 1946, sob a presidência do general Eurico Gaspar Dutra (1946-1950). Por meio dela foram instituídas as contribuições de melhoria, e os Estados e municípios passaram a participar da arrecadação de vários tributos.

De 1945 a 1964, durante a chamada República Populista, deu-se continuidade ao crescimento econômico com bases industriais inaugurado por Vargas. O presidente Juscelino Kubitschek (1956-1961) aplicou uma forte política de isenções fiscais por meio da Sudam e da Sudene e com a oferta de incentivos fiscais para atrair ao país montadoras de automóveis. Durante o regime militar, de 1964 a 1985, a Emenda Constitucional nº 7 permitiu ao Executivo a instauração de novo tributo sem a necessidade prévia de autorização orçamentária. Nesse período foi aprovado, em 1965, o Código Tributário Nacional. Com texto modificado antes mesmo de entrar em vigor, a lei previa a compensação de impostos e contribuições, suas limitações, regras sobre as diversas cobranças e sobre as distribuições de receitas. Uma reforma tributária foi instituída pela Emenda Constitucional nº 18, de 1965. Essa emenda foi ratificada pela Constituição de 1967.

A Carta em vigor atualmente, de 1988, trouxe um modelo tributário que representou um novo pacto federativo. Estados e municípios ganharam mais autonomia. Isso trouxe para a União um problema de receitas. A solução do governo federal é procurar ampliar sua arrecadação com contribuições que não fazem parte do bolo tributário a ser dividido com Estados e municípios.

O resultado são críticas severas advindas de vários setores industriais. Segundo esses contribuintes, a União privilegia a elevação de contribuições sociais cobradas em cascata e de forma indireta, onerando o setor produtivo e reduzindo sua competitividade. Enquanto isso, a reforma tributária entra e sai das discussões no Congresso desde que o presidente Fernando Henrique Cardoso tomou posse pela primeira vez, em janeiro de 1995.

GLOSSÁRIO

Acórdão: decisão dada por um órgão colegiado. É uma decisão coletiva, tomada por votos dos magistrados que compõem um tribunal, corte ou câmara.

Adjudicação: ato jurídico ou jurídico-processual pelo qual a propriedade de um bem ou uma fração deste, ou ainda, uma cota condominial, é transferida para alguém legalmente qualificado para esse fim, mediante o pagamento ou reposição do respectivo preço, valor ou diferença, segundo o critério estabelecido na lei para cada caso.

Ano-calendário: período de 1º de janeiro a 31 de dezembro. Na legislação do Imposto de Renda, essa expressão é utilizada para identificar o ano de ocorrência do fato gerador da obrigação tributária.

Ativo imobilizado tangível: representa os investimentos da empresa em bens físicos que não se destinam à venda, e sim à manutenção de sua atividade operacional. Imóveis, veículos e máquinas são alguns exemplos.

Autuação fiscal: acontece quando a fiscalização verifica um procedimento ou lançamento que julga irregular ou inconsistente e indica um suposto débito tributário ao qual se aplicam uma ou várias multas.

Base de cálculo: montante sobre o qual será aplicada a alíquota do tributo, com todas as exclusões, adições, inclusões e compensações permitidas pela legislação.

Bitributação: é a dupla imposição de um mesmo imposto sobre um mesmo contribuinte ou quando o imposto incide mais de uma vez sobre o mesmo produto ou fato gerador.

Cálculo por dentro: é a forma de cálculo na qual o tributo integra a sua própria base de cálculo. O ICMS é o exemplo clássico de cálculo por dentro.

Certidão negativa de débitos tributários: documento que atesta que o contribuinte não tem pendências tributárias. É exigido na concessão de crédito e para participação de licitações públicas.

CNPJ: Cadastro Nacional de Pessoa Jurídica (CNPJ), substituiu o antigo CGC.

Cofins: Contribuição para o Financiamento da Seguridade Social, cobrada hoje a 3% sobre a receita bruta das empresas.

Concordata: espécie de moratória na qual a empresa insolvente, e de boa-fé, pede mais prazo aos seus credores para o pagamento das suas obrigações. Nem todas as dívidas podem entrar na concordata. Ela deve ser solicitada no Judiciário em petição na qual o credor expõe as suas dificuldades, justifica-as e mostra que tem condições de prosseguir a atividade e sanar seus problemas com a moratória. A empresa deve liquidar as dívidas na forma fixada pela decisão judicial que conceder a concordata.

Conselho de contribuintes: órgão de segunda instância na análise de processos administrativos relativos a tributos arrecadados pela Receita Federal. Metade de seus conselheiros é constituída de funcionários da Fazenda, de reconhecida competência e possuidores de conhecimentos especializados em assuntos tributário, sendo a outra constituída de representantes dos contribuintes, indicados, em lista tríplice para cada cargo, por órgãos de classe de suas categorias profissionais. Cada Conselho é dividido em câmaras.

Contribuinte: é aquele que está obrigado ao pagamento de um tributo.

CSLL: Contribuição Social sobre o Lucro Líquido cobrada hoje, na regra geral, a 9% sobre o lucro das empresas.

CTN: Código Tributário Nacional é a denominação que passou a ter a Lei nº 5.172, de 25 de outubro de 1966, com alterações posteriores. Essa lei regula o sistema tributário nacional e estabelece as normas gerais de direitos tributários aplicáveis à União, aos Estados, ao Distrito Federal e aos municípios, sem prejuízo da respectiva legislação complementar, supletiva ou regulamentar.

DDL: Distribuição Disfarçada de Lucros. Foi regulada pelos artigos 464 a 469 do Regulamento do Imposto de Renda/99. É definida como a ação ou o negócio realizado entre pessoas com relações societárias ou vínculos (entre a empresa e seus sócios, por exemplo), em que ocorre a transferência de vantagem da sociedade (a empresa) aos seus titulares (os sócios) ou a pessoa a eles vinculados (a esposa do sócio, por exemplo).

Decadência: é a perda de um direito, em razão deste não ter sido executado dentro do prazo legal ou das previsões judiciais.

Denúncia espontânea: acontece quando o contribuinte apresenta o débito ao Fisco antes de uma ação fiscal.

Depreciação: diminuição ou perda do valor de uma coisa corpórea, devido ao uso e desgaste verificados. A legislação contábil e fiscal prevê o registro da depreciação.

Dividendo: parte dos lucros líquidos de uma sociedade anônima que corresponde a cada uma das ações e que é distribuída, anual ou semestralmente, na forma estabelecida em estatutos.

Elisão: ato do contribuinte que busca retardar, reduzir ou evitar o pagamento de tributos por meio de procedimentos lícitos, legítimos, admitidos por lei e antes da ocorrência do fato gerador. Ou seja, antes do acontecimento ou condição que gera a obrigação de pagar o tributo.

Evasão: ato do contribuinte que retarda, reduz ou evita o pagamento de um tributo, caso o ato seja praticado depois do fato gerador. Ou seja, depois do acontecimento ou condição que gera a obrigação de pagar o tributo.

Exaustão: diz respeito ao ato ou efeito de exaurir. Na contabilidade, a exaustão se assemelha ao conceito de depreciação, mas tem aplicação específica. Por exemplo, as fontes de água ou as minas ficam sujeitas à exaustão por serem esgotadas ou dissipadas.

Exportação: é o ato de exportar, de mandar para mercados estrangeiros os produtos das indústrias, das artes, ou matérias-primas nacionais.

Falência: é, no direito comercial, a execução coletiva dos bens do devedor comerciante, à qual concorrem todos os credores com o fim de arrecadar o patrimônio disponível, verificar os créditos, liquidar o ativo e solver o passivo, em rateio, ou observadas as preferências legais. A falência é solicitada pelo credor e decretada pelo Judiciário.

Fato gerador: acontecimento, ação ou condição que pode gerar a cobrança de um tributo.

Fisco: tem a sua origem ligada ao Império Romano. Assim, o termo fisco vem de *fiscus(i)* ,cesto de junco ou de vime em que o coletor de impostos romano ia colocando o dinheiro público que recolhia . Já no tempo de Cícero, famoso líder político da Roma Antiga, que viveu entre 106 a.C. e 43 a.C., o fisco designava, por metonímia, o conteúdo, o próprio Tesouro Público.

Funttel: Fundo para Desenvolvimento Tecnológico das Telecomunicações, corresponde à alíquota de 0,5%, cobrada das operadoras de telecomunicações.

Fust: Fundo de Universalização dos Serviços de Telecomunicação (Fust), cobrado a 1% das operadoras de telecomunicações.

ICMS: Imposto cobrado sobre a Circulação de Mercadorias e Serviços. Na regra geral, é cobrado a 18% sobre a operação de circulação de mercadorias. Sob competência dos Estados, tem como base de cálculo o valor da operação ou, na falta deste, o preço corrente da mercadoria, ou similar, no mercado atacadista da praça do remetente.

ILL: Imposto sobre Lucro Líquido. Não é cobrado mais.

IN: Instrução Normativa é uma forma de regulamentação da legislação.

IPI: Imposto sobre Produtos Industrializados. Tem diversas alíquotas que obedecem ao princípio da seletividade. De competência da União, incide sobre produtos industrializados, assim considerados os produtos que tenham sido submetidos a qualquer operação que lhes modifique a natureza ou a finalidade, ou os aperfeiçoe para o consumo.

IR: Imposto de Renda, exigido das empresas e pessoas físicas. Nas empresas, pode ser pago sob o regime do lucro real, presumido ou arbitrado. De competência da União, é exigido sobre renda e proventos de qualquer natureza, que tenham como fato gerador a aquisição da disponibilidade econômica ou jurídica da renda ou dos proventos.

ISS: Imposto sobre Serviços de Qualquer Natureza. Imposto municipal cobrado sobre serviços de qualquer natureza, que tenham como fato gerador a prestação de serviço por empresa ou profissional autônomo, com ou sem estabelecimento fixo, e que não configure, por si só, o fato gerador de imposto de competência da União ou dos Estados.

Importação: é a introdução de mercadorias num país, procedentes de outro, por via aérea, marítima ou terrestre, a fim de satisfazer às necessidades de consumo do mercado interno ou serem reexportadas para outros países.

ITBI: Imposto sobre Transmissão de Bens Imóveis, cobrado na transferência de bens por ato oneroso. Cobrado pelos municípios.

ITCMD: Imposto sobre Transmissão Causa Mortis ou Doações. É o tributo cobrado sobre os bens transferidos por atos não onerosos ou heranças, por exemplo. Cobrado pelos Estados.

Inadimplência: é a falta de cumprimento de uma obrigação positiva. No caso de tributos, é a falta de pagamento de um imposto ou a falta de entrega de uma declaração exigida pelo Fisco.

Lei complementar: trata, segundo a Constituição Federal, de conflitos de competência, do estabelecimento de normas gerais em matéria tributária, especialmente sobre definição de tributos e de suas espécies, dos fatos geradores, bases de cálculo e contribuintes, obrigação, lançamento, crédito, prescrição e decadência tributária. As leis complementares poderão ser consideradas hierarquicamente superiores às ordinárias nos casos em que a Constituição prevê. As leis complementares devem ser aprovadas por maioria absoluta, o que exige metade mais um dos membros da Casa.

Lei ordinária: é elaborada pelo Poder Legislativo da União, Estados, Distrito Federal e municípios, conforme a competência prevista na Constituição. Sua aprovação exige maioria simples, que é a maioria dos presentes, desde que compareça para votar no plenário pelo menos a metade da composição.

Liminar: vem de *in limine*. É uma decisão provisória dada pelo juiz antes de analisar o mérito da discussão levantada pelo autor da ação ou de ouvir a parte contrária. Para ser dada, é preciso que o juiz esteja convencido de que se não der a liminar, há risco de dano irreversível e que o autor tenha alguma razão no seu pleito.

Lucro arbitrado: é um regime de pagamento do Imposto de Renda e da CSLL. Geralmente ele é imposto pela fiscalização em casos específicos.

Lucro líquido: é o lucro apurado em balanço contábil pelas empresas.

Lucro real: é um regime de pagamento do Imposto de Renda. Por ele, as empresas recolhem o IR sobre o lucro efetivamente apurado. A base de cálculo é o lucro líquido com algumas adições e exclusões, conforme as previsões legais.

Lucro real: calculado por estimativa, é uma espécie de *mix* entre o regime de lucro real e o lucro presumido.

Lucro presumido: é um regime de pagamento do Imposto de Renda e da CSLL. Nem todas as empresas podem optar por ele. Os tributos são calculados sobre uma base em que é considerado um valor de presunção do lucro.

Mandado de segurança: tipo de ação judicial destinada a proteger o direito líquido e certo não amparado por *habeas-corpus*, seja qual for a autoridade responsável pela ilegalidade ou pelo abuso de poder.

Medida Provisória (MP): criada em substituição ao antigo decreto-lei, hoje abolido, a Constituição de 1988 facultou ao presidente da República, em caso de relevância e urgência, adotar medidas provisórias, com força de lei, devendo submetê-las ao Congresso Nacional.

Não-cumulatividade: é a propriedade dos impostos que não incidem em cascata. O ICMS é o melhor exemplo. O imposto pago numa etapa de comercialização é descontado do imposto pago na etapa seguinte.

Paraíso fiscal: de acordo com a legislação brasileira, são todos os países que não tributam a renda ou que a tributam com alíquotas inferiores a 20%.

Pessoa física: é o homem, o indivíduo, o ser humano tomado singularmente como sujeito de direitos.

Pessoa jurídica: pode ser de direito público ou privado. São pessoas de direito público interno à União, seus Estados, o Distrito Federal e os municípios legalmente constituídos. São consideradas pessoas jurídicas de direito privado as sociedade civis, religiosas, as associações de utilidade pública, fundações e as sociedades mercantis, entre outros.

PGFN: Procuradoria-Geral da Fazenda Nacional. Cabe a ela representar judicialmente a União nas causas de natureza fiscal.

PIS: contribuição ao Programa de Integração Social, exigida hoje, na regra geral, em 0,65% sobre a receita bruta das empresas.

Planejamento tributário: processo de escolha de ação ou omissão lícita, não simulada, anterior à ocorrência do fato gerador, que vise, direta ou indiretamente, economia de tributos.

Preços de transferência: mecanismo relativamente novo pelo qual a Receita Federal busca evitar a exportação de lucros em operações de exportação e importação entre empresas de um mesmo grupo.

Prejuízo fiscal: são os lucros e prejuízos contábeis, com as adições e exclusões previstas na legislação tributária.

Prescrição: é a perda de ação atribuída a um direito.

Pró-labore: vem do latim e significa "pelo trabalho". Diz-se da remuneração que alguém recebe como contraprestação dos serviços prestados ou da função que exerce. No direito comercial e nas sociedades mercantis, é a remuneração atribuída aos sócios solidários ou cotistas que fazem efetiva prestação de serviço.

Receita Federal: órgão responsável pela arrecadação e fiscalização de tributos federais. Estão sob a sua competência quase todas as principais cobranças da esfera federal, com exceção do INSS e da contribuição ao Seguro de Acidente do Trabalho (SAT). Entre as atribuições da Receita estão a cobrança, o lançamento, a restituição e o ressarcimento de tributos e contribuições administrados por ela. O órgão também faz previsão e análise das receitas tributárias, remessa de débitos para a Procuradoria da Fazenda Nacional, com fins de inscrição na dívida ativa da União.

Refis: Programa de Recuperação Fiscal, lançado pelo governo federal para parcelamento de tributos recolhidos pela Receita Federal e pelo INSS. Teve suas adesões finalizadas em 2000.

RIR: Regulamento do Imposto de Renda.

SAT: contribuição ao Seguro de Acidentes do Trabalho. É recolhida pelo INSS, calculada sobre a folha de pagamentos.

Seletividade: alguns impostos têm sua alíquota definida segundo a seletividade. A idéia é dar aos produtos considerados essenciais uma alíquota menor.

Sentença: é a decisão de mérito numa ação judicial.

Sonegação: ato ou efeito de ocultar fraudulentamente, deixando de mencionar ou de descrever, nos casos em que a menção ou descrição é exigida por lei.

Substituição tributária: forma de recolhimento de tributos na qual o imposto ou a contribuição tem sua arrecadação antecipada e concentrada numa determinada etapa de produção ou comercialização.

STF: Supremo Tribunal Federal é a mais alta corte do país. Destinada a dar a última palavra nas questões constitucionais.

STJ: Superior Tribunal de Justiça, dá a última palavra nas questões de direito que envolvam argumentos infraconstitucionais.

Trânsito em julgado: acontece quando uma ação chega ao final.

TRF: Tribunal Regional Federal é a segunda instância da Justiça Federal. Atualmente, são cinco tribunais em todo o país.

Tributação em cascata: é a cobrança cumulativa de tributos.

Tributo: é toda obrigação fiscal pecuniária, com exceção de sanções.

Tributo lançado por homologação: é o tributo que o próprio contribuinte calcula, declara e recolhe. Fica sujeito à homologação do Fisco. Ou seja, o órgão arrecadador deve validar ou não o lançamento e pagamento do contribuinte. Na regra geral, o Fisco tem cinco anos para se manifestar. Não havendo controvérsia, acontece a homologação tácita.

BIBLIOGRAFIA

AMED, Fernando José & NEGREIROS, Plínio José Labriola de Campos. *História dos Tributos no Brasil*, São Paulo: Edições Sinafresp, 2000.

ASSAF NETO, Alexandre. *Estrutura e Análise de Balanço*. 5 ed. São Paulo: Atlas, 2001.

ATALIBA, Geraldo. *Hipótese da Incidência Tributária*. São Paulo: Malheiros, 1997.

BANDEIRA DE MELLO, Celso Antônio. *O Conteúdo Jurídico do Princípio da Igualdade*. São Paulo: Malheiros, 1997.

BARRETO, Aires F. *Base de Cálculo, Alíquota e Princípios Constitucionais*. 2 ed. São Paulo: Max Limonad, 1998.

BARRETO, Paulo Ayres. *Imposto Sobre a Renda e Preços de Transferência*. São Paulo: Dialética, 2001.

BASTOS, Celso Ribeiro. *Curso de Direito Financeiro e de Direito Tributário*. São Paulo: Saraiva, 1997.

BECKER, Alfredo Augusto *Carnaval Tributário*. São Paulo: Lejus, 1999.

BORGES, Humberto Bonavides. *Curso de Especialização em Análises Tributárias*. São Paulo: Atlas, 2001.

BORGES, José Souto Maior. *Obrigação Tributária: uma Introdução Metodológica*. 2 ed. São Paulo: Malheiros, 1999.

CARRAZZA, Roque Antônio (org.). "Código Tributário Nacional". *Revista dos Tribunais*, 2000.

_____.*Curso de Direito Constitucional Tributário*. 11 ed. São Paulo: Malheiros, 1998.

CARVALHO, Paulo de Barros. *Teoria da Norma Tributária*. 3 ed. São Paulo: Max Limonad, 1998.

CARVALHO, Paulo de Barros. "Isenções Tributárias de IPI, em Face do Princípio da Não-Cumulatividade". *Revista Dialética de Direito Tributário*, 1998, (4) 33: 142-173.

_____.*Curso de Direito Tributário*. São Paulo: Saraiva, 2000.

_____.*Direito Tributário: Fundamentos Jurídicos da Incidência*. São Paulo. Saraiva, 1999.

CASSONE, Vittorio. *Direito Tributário*. São Paulo: Atlas, 2001.

COELHO, Sacha Calmon Navarro. *Teoria e Prática das Multas Tributárias*. Rio de Janeiro: Forense, 1993.

CRETELLA Jr., José. *Curso de Direito Tributário Constitucional*. São Paulo: Forense Universitária, 1999.

FERRAGUT, Maria Rita. *Presunções no Direito Tributário*. São Paulo: Dialética, 2001.

FIESP/FGV. *Carga Tributária e Competitividade na Indústria Brasileira*, 2000.

FURLAN, Valéria. *IPTU*. São Paulo: Malheiros, 1998.

GRAU, Eros Roberto. *Conceito de Tributos e Fontes de Direito Tributário*. São Paulo: IBET/Resenha Tributária, 1975.

GRECO, Marco Aurélio. *Internet e o Direito*. São Paulo: Dialética, 1999.

HARADA, Kiyoshi. *Direito Financeiro e Tributário*. São Paulo: Atlas, 2001.

HIGUCHI, Hiromi & HIGUCHI, Celso Hiroyuki. *Imposto de Renda das Empresas*. São Paulo: Atlas, 2001.

HOUAISS, Antônio. *Dicionário Houaiss da Língua Portuguesa*. Rio de Janeiro: Objetiva, 2001.

IVO, Gabriel. *Constituição Estadual: Competência para Elaboração da Constituição do Estado Membro*. São Paulo: Max Limonad, 1997.

LIMA GONÇALVES, José Artur. *Isonomia na Norma Tributária*. São Paulo: Malheiros, 1993.

LUCCA, Newton de & SIMAO Filho, Adalberto (orgs.). *Direito & Internet.* São Paulo: Edipro, 2000.

MACHADO, Hugo de Brito. *Curso de Direito Tributário.* São Paulo: Malheiros, 1993.

_____."Vigência e Aplicação da Legislação Tributária". *Revista de Direito Tributário*, n. 55, p. 226.

MARTINS, Ives Gandra. *Temas Atuais de Direito Tributário.* São Paulo: Elevação, 2001.

_____.*Comentários ao Código Tributário Nacional.* São Paulo: Saraiva, 1998.

MOUSSALEM, Tárek Moyses. *As Fontes do Direito Tributário.* São Paulo: Max Limonad, 2001.

NÁUFEL, José. *Novo Dicionário Jurídico Brasileiro.* Rio de Janeiro: Forense, 2000.

NOGUEIRA, Ruy Barbosa. *Imunidade Tributária.* São Paulo: Saraiva, 1993.

OLIVEIRA, Julio de. *Internet e Competência Tributária.* São Paulo: Dialética, 2000.

QUIROGA MOSQUERA, Roberto. *Renda e Proventos de Qualquer Natureza: o Imposto e o Conceito Constitucional.* São Paulo: Dialética, 1996.

PRICEWATERHOUSEECOOPERS. *Contribuições Sociais – Série Legis-Empresa.* São Paulo: Atlas, 2001.

SANTI, Eurico Marcos Diniz. *Decadência e Prescrição no Direito Tributário.* São Paulo: Max Limonad, 2000.

SEVERO MARQUES, Márcio. *Classificação Constitucional dos Tributos.* São Paulo: Max Limonad, 2001.

SOARES DE MELO, José Eduardo: *Contribuições Sociais no Sistema Tributário.* São Paulo: Malheiros, 1995.

_____.*Aspectos Teóricos e Práticos do ISS.* São Paulo: Malheiros, 2000.

TORRES, Ricardo Lobo. *Liberdade, Segurança e Justiça no Direito Tributário.* São Paulo: Max Limonad, 1998.

XAVIER, Alberto Pinheiro. *Direito Tributário Internacional.* Rio de Janeiro: Forense, 1998.

O *Guia Valor Econômico de Tributos* tem por finalidade apenas instruir e informar o leitor. Este material não deve ser interpretado como uma sugestão para optar por determinada forma de tributação ou como uma oferta para aderir ou não a qualquer contestação judicial ou planejamento tributário. As previsões do guia seguiram as decisões e normas em vigor em janeiro de 2002.